L'ART DU BONHEUR

Catalogue détaillé de la collection
en fin de volume

Collection

AIDER LA VIE

sous la direction de Robert Laffont

Apporter un réconfort; affirmer que la main tendue est la seule attitude qui vaille; communiquer une joie possible; aider les autres à trouver un sens à leur vie... *Aider la vie* : voilà le désir qui anime la collection qui porte ce titre. Avec, pour moi, l'envie d'essayer d'apporter au public quelque chose de plus, par la seule voie que je connaisse, qui me convienne et que j'aime, le livre.

Une tâche que je persiste à ne pas croire utopique. Car, comme je le disais en présentant le premier ouvrage paru dans la collection, si seulement quelques êtres retrouvaient, par la lecture, le fil du chemin perdu, mon but serait atteint : l'important, c'est bien ce partage-là.

R.L.

Du même auteur
dans la même collection

La Force du bouddhisme
(avec Jean-Claude Carrière), 1994

L'Art du bonheur (avec Howard Cutler), 1999

L'Art de la compassion
(avec Nicolas Vreeland), 2002

SA SAINTETÉ LE DALAÏ-LAMA
HOWARD CUTLER

L'ART DU BONHEUR 2

traduit de l'américain par A. Karachel

ROBERT LAFFONT

Titre original : THE ART OF HAPPINESS AT WORK

ISBN 2-221-09413-1
(édition originale : ISBN 1-57322-261-5 Riverhead Books/Penguin Groupe Inc., New York)

Introduction

À la fin de l'année 1998 paraissait *L'Art du bonheur*. À ma très grande surprise, le livre devenait rapidement un succès mondial. De toute évidence, les messages simples du dalaï-lama avaient trouvé un écho dans le cœur de millions de lecteurs :

« Le but de la vie, c'est le bonheur. »

« Votre bonheur dépend de votre état d'esprit plutôt que de circonstances ou d'événements externes, du moins dans la mesure où vos besoins fondamentaux de subsistance sont déjà satisfaits. »

« On peut atteindre le bonheur en entraînant nos cœurs et nos esprits, en modifiant nos attitudes et nos perceptions. »

« La clé de votre bonheur est entre vos mains. »

Le dalaï-lama avait été surpris autant que moi par le succès du livre. En fait, il n'avait pas une conscience claire du succès de l'ouvrage la première fois où je l'ai revu après la sortie du livre, alors que celui-ci figurait sur la liste des meilleures ventes depuis des mois. Le dalaï-lama est un moine bouddhiste et, en tant que tel, il se soucie fort peu de questions comme les ventes de ses livres, ses vœux monastiques lui interdisant d'ailleurs de rechercher la gloire ou la fortune. Il n'avait donc pas vraiment prêté attention à la progression du livre qui grimpait dans les listes des meilleures ventes à travers le monde. Lorsque je lui appris ce qui se passait, il eut l'air sincèrement étonné.

« Vraiment ? » questionna-t-il. Je lui assurai que c'était vrai. Il se trouvait aux États-Unis pour la première fois depuis la parution de *L'Art du bonheur* et, en raison de la grande visibilité du livre, je me disais que les journalistes lui poseraient peut-être des questions sur le sujet, et qu'il valait mieux que je le prépare. Après tout, ce n'était que le dernier en date des nombreux livres qu'il avait publiés depuis des années. Je le voyais déjà en direct à la télévision, face à un journaliste l'interrogeant sur le sujet et lui, répondant : « L'art du quoi ? » (En fait, c'est un peu ce qui s'est passé lorsque le journaliste vedette de CNN, Larry King, l'a interrogé : « Pourquoi s'agit-il d'un art ? »)

Le dalaï-lama n'avait pas la moindre idée de quoi il parlait, car le titre avait été choisi par l'éditeur. Puisqu'il s'en était entièrement remis à moi pour tout ce qui concernait la structure et la rédaction de l'ouvrage, je lui ai demandé s'il voulait savoir des choses sur le livre. Il ne me posa qu'une question :

« Le livre a-t-il été utile aux gens ?

— Oh oui ! »

Pour la première fois, il manifestait un véritable intérêt. Il s'est enquis, avec une vraie curiosité :

« De quelle manière ? »

Il m'avait pris au dépourvu. Je bégayai et haussai les épaules :

« Eh bien, à vrai dire... »

J'avais reçu un nombre considérable de lettres de lecteurs, mais je n'arrivais pas à me rappeler un seul exemple précis. J'ai fini par marmonner quelque chose. Aujourd'hui, je ne sais plus très bien ce que je lui ai dit, mais je me souviens que je me suis senti comme un étudiant pris en défaut par son examinateur.

Ensuite, j'ai réfléchi à sa question. Je n'avais aucun moyen de savoir si ses idées avaient vraiment aidé des gens, alors je me suis demandé si ses idées avaient eu un impact sur moi. De toute évidence, oui. Après avoir passé d'innombrables heures en sa compagnie et cinq années à peaufiner notre premier livre, étais-je plus heureux ? Oui. Sans l'ombre d'un doute, me suis-je dit à moi-même en souriant, faisant écho à sa propre réponse, des années plus tôt, lorsque je lui avais demandé s'il était heureux. Pourtant, je pensais qu'il devait y avoir autre chose. Ses idées m'avaient aidé à devenir une personne plus heureuse, mais j'avais encore du chemin à parcourir avant d'atteindre cette gaieté contagieuse qui semblait émaner de sa personne. Et je voulais parcourir ce chemin.

Il restait encore bien des lacunes et des questions sans réponse. Je me suis mis à rêver de m'asseoir à nouveau à ses côtés, de reprendre nos entretiens en les affinant, d'ajouter de nouvelles idées et de nouveaux points de vue, d'approfondir notre débat sur ce que le bonheur veut dire dans notre monde si compliqué. Et les questions n'étaient pas seulement les miennes. Depuis la parution de notre livre, de nombreuses personnes, des proches comme de parfaits inconnus, avaient signalé qu'il manquait certaines choses, avaient soulevé des questions et des sujets que nous n'avions pas englobés dans notre travail. Souvent, on voulait savoir si j'aurais l'occasion d'interroger le dalaï-lama à ce propos. Combien de fois ne m'a-t-on pas dit : « Howard, la prochaine fois que tu auras la possibilité de parler au dalaï-lama, pourrais-tu lui demander... ». Il n'a pas fallu longtemps pour que l'idée d'un deuxième livre ne germe dans mon esprit.

Bien sûr, il y avait un obstacle majeur. Le rôle du dalaï-lama sur la scène mondiale s'est amplifié au fil des ans, et son emploi du temps est on ne peut plus chargé. Aurait-il tout simplement du temps à me consacrer ? Après tout, il avait des choses bien plus importantes à faire. Il ne serait peut-être pas d'accord, il ne serait peut-être pas disponible. Pourtant, je connaissais son talon d'Achille, sa faiblesse secrète, que j'étais prêt à exploiter sans vergogne : son désir sincère d'aider les gens. Ceux qui le connaissent le savent bien : le dalaï-lama a du mal à repousser tout projet dont il pense qu'il pourra être un tant soit peu bénéfique pour autrui. En formulant ma demande, je savais aussi que si tout venait à échouer, il serait sensible à mes pleurnicheries...

Heureusement, je n'ai pas été forcé d'en venir à de telles extrémités. Dès que je lui ai expliqué l'utilité que cela aurait pour les gens, il fut d'accord, et nous nous sommes donc retrouvés une nouvelle fois chez lui, à Dharamsala, pour travailler à la suite de *L'Art du bonheur*.

Dans notre premier livre, nous nous étions surtout intéressés au thème général du développement intérieur. Mais, comme de nombreux lecteurs me l'avaient fait remarquer, on ne vit pas dans le vide. Nous vivons dans le monde, nous interagissons avec la société, et celle-ci peut manifestement avoir un impact sur notre personne. Nous avons donc commencé par établir un plan d'action, en dressant une liste des sujets que nous n'avions pas abordés dans le premier ouvrage. Nous y avions laissé de côté toute discussion poussée des problèmes sociaux, mais il y avait une raison à cela. Comme je le faisais remarquer dans *L'Art du bonheur*, tant ma formation que mes penchants me poussent à m'intéresser à l'exploration des mécanismes de l'esprit, de la psyché humaine. Et j'ai toujours été fasciné par sa dynamique interne, par la manière dont les émotions destructrices surgissent et se manifestent dans la vie des personnes. La discussion des questions sociales m'intéressait moins. En outre, les problèmes sociaux me semblaient si nombreux, si énormes, si intraitables, que ma réaction était simplement de ne pas y penser. Le déni, ce vieux mécanisme de défense, toujours aussi efficace. Mais à présent que je n'étais plus un psychothérapeute en exercice, je ne me souvenais que trop bien de toutes ces séances où mes patients commençaient à parler de leurs problèmes de travail, d'argent, de leur peur de la violence tandis que mon esprit s'évadait ailleurs. Je ne niais pas que ces questions étaient des motifs légitimes de souffrance pour mes patients, mais je ne savais tout simplement pas quoi faire. Dès que ces sujets venaient sur le tapis, une sorte de voile invisible recouvrait mon esprit. Je me rassurais en me disant que puisque je ne pouvais rien y faire, je ne pouvais pas les aider. Je me souviens même que je me sentais vaguement offensé, vexé, lorsque ces questions surgissaient au cours de la thérapie. Ce n'était pas mon boulot ! Pourquoi mes patients ne pouvaient-ils pas comprendre cela ?

Durant les entretiens qui ont mené à *L'Art du bonheur*, le dalaï-lama avait souvent abordé les questions sociales. Mais j'avais toujours réussi à le réorienter, à m'esquiver et à ramener la discussion sur le terrain de l'individu. Pourtant la question du cadre global n'était pas de celles dont on se débarrassait si facilement. La liste des sujets que nous avons décidé d'aborder était longue : la violence, l'insécurité, le racisme, l'intolérance, la pauvreté, la pollution, la destruction de l'environnement, la désintégration de la famille, la vieillesse dans un monde obsédé par la jeunesse, les problèmes économiques des gens, l'appât du gain et les scandales dans le monde des affaires, le chômage, l'insatisfaction des individus dans leur travail. La liste s'étalait sur des pages. Si notre but était d'explorer tous les aspects de l'expérience humaine, si nous souhaitions avoir une approche holistique de la souffrance et du bonheur, comment ne pas aborder directement ces problèmes ? Après le 11 Septembre, après le scandale Enron, ces interrogations étaient plus pressantes que jamais.

Mais il y avait une autre raison à toutes mes réticences, quelque chose que j'ai dit très tôt au dalaï-lama : « Je sais que vous allez parler des problèmes sociaux. Et je suis vraiment intéressé par ce que vous allez dire. Vous m'avez confié un jour que vous vous voyez avant tout comme un moine bouddhiste, et j'ai assisté assez souvent à vos enseignements pour mesurer l'étendue de votre érudition dans ce domaine. Cependant je vous connais aussi depuis suffisamment longtemps pour savoir que votre compétence s'étend à bien d'autres sujets. Vous êtes profondément attaché à l'importance des valeurs éthiques, des valeurs humaines fondamentales. Et je ne compte pas le nombre de fois où je vous ai entendu évoquer avec passion la manière dont on doit appliquer ces valeurs éthiques à tous les domaines – les affaires, la politique, l'économie, etc. Ainsi, au fil des ans, je vous ai vu rencontrer non seulement de grands dignitaires religieux et spirituels, mais aussi des dirigeants dans toutes les sphères, des hommes d'État, des savants, des entrepreneurs, et engager le dialogue avec eux. Il hocha la tête, pour signaler qu'il n'avait rien à redire à mes propos. Vous avez acquis une connaissance de ces sujets par des discussions intenses avec des experts dans de nombreux domaines, et vous menez depuis longtemps une réflexion approfondie sur la manière d'y intégrer ces idéaux religieux...

— Surtout du point de vue d'une éthique laïque, m'interrompit-il pour me corriger.

— Oui, du point de vue d'une éthique laïque. Mais là où je veux en venir, c'est que je ne pense pas être qualifié pour aborder tous ces sujets avec vous. Ma formation est celle d'un médecin, d'un psychiatre, et avant cela celle d'un artiste. Je ne suis que de très loin l'actualité, du moins jusqu'au 11 Septembre. En fait, je pense être la personne la moins qualifiée pour aborder ces sujets avec vous. »

Le dalaï-lama demeura silencieux un moment pendant qu'il réfléchissait à ce que je venais de dire.

« Ces problèmes humains, ces problèmes dans la société, ne surgissent pas de nulle part. Ils sont créés par des êtres humains, et trouvent leurs racines dans les difficultés que rencontrent tous les êtres humains, mais collectivement, à une plus grande échelle. C'est une sorte de phénomène additif. En tant que psychiatre, je pense que vous êtes qualifié pour comprendre les facteurs psychologiques qui contribuent aux comportements destructeurs individuels, qui eux-mêmes contribuent aux problèmes sociaux qui surgissent lorsque de nombreuses personnes se comportent d'une certaine manière. Et en plus, ajouta-t-il, vous êtes un être humain. Vous vivez dans le monde, comme n'importe qui. Aucune expertise n'est requise pour aborder ces questions. Pour que les choses changent, il ne suffit pas que des experts se réunissent pour en discuter. C'est à chaque individu de changer, et la seule manière d'y parvenir, c'est d'aider les gens ordinaires à prendre conscience des problèmes plus vastes, à comprendre la source du problème, de leur donner envie de changer les choses. Donc, en tant que membre de la société, vous êtes aussi qualifié que n'importe qui d'autre. Et la seule manière de changer, c'est de s'éduquer. Donc, si certaines questions vous paraissent complexes, lisez, étudiez et informez-vous à leur sujet. Trouvez vos propres exemples. C'est notre travail. C'est notre responsabilité. »

C'est ainsi que nous avons commencé. Au cours des deux années qui ont suivi, il est devenu évident que les sujets étaient si nombreux qu'il faudrait partager le matériau sur plusieurs livres. Et cela nous a conduits à la question suivante : par où commencer ? Comment organiser et présenter le matériel ? Le choix logique semblait être d'explorer l'activité qui, au quotidien, occupe la plus grande partie de notre temps : le travail.

Lorsque j'ai suggéré d'en faire le sujet de notre prochain livre, le dalaï-lama a été immédiatement d'accord, et s'est mis à rire :

« Vous savez, je voyage beaucoup, et j'essaie de prendre des avions à des moments qui me conviennent, mais après il y a des retards, des retards, et encore des retards. Il rit de plus belle. Je m'irrite un peu, je ressens un peu de “ malheur ” dans mon travail. Alors j'ai peut-être moi aussi besoin d'un livre sur “ l'art du bonheur ” ! »

Après en avoir longuement discuté, nous sommes tombés d'accord sur la manière de structurer les différents livres qui développeront les sujets introduits dans *L'art du bonheur*, et fourniront une approche plus complète au sujet complexe du bonheur humain. Nous commençons par ce deuxième volume, en appliquant les idées du dalaï-lama à la meilleure façon de trouver le bonheur dans son travail. Dans les volumes suivants, nous aborderons des aspects spécifiques du cadre de travail, la manière d'appliquer les valeurs humaines fondamentales et l'éthique dans les affaires et le commerce, et comment chacun peut cultiver les qualités requises pour être un bon dirigeant. Nous aborderons aussi le mode d'intégration des principes éthiques dans tous les domaines de la vie quotidienne et nous efforcerons de trouver une réponse à la question : « Comment être heureux dans la dure réalité du monde contemporain ? » Nous y explorerons aussi des questions fondamentales de l'existence comme la vieillesse, la maladie et la mort, ainsi que certains problèmes très difficiles du monde moderne : la violence, le racisme, la pauvreté et la destruction de notre environnement. Il y sera également question de la manière de vivre sans peur, mais avec courage et espoir. Le dernier volume de la série ajoutera la touche finale en montrant comment notre malheur est causé, en dernière instance, par le fossé existant entre l'apparence et la réalité, le fossé entre notre façon de percevoir les choses et ce que les choses sont réellement. Nous identifierons les racines de nos émotions destructrices, les états d'esprit qui créent notre souffrance et font barrage à notre bonheur : des déformations de notre manière de penser, de notre perception de nous-mêmes, des autres et du monde environnant. Dans le dernier volume, nous reviendrons donc vers notre monde intérieur, puis le dalaï-lama unifiera les concepts présentés dans les livres précédents et formulera un programme structuré pour favoriser le développement intérieur.

Et maintenant, au travail...

1

Transformer l'insatisfaction

La journée avait été longue pour le dalaï-lama. Au moment de prendre son frugal petit déjeuner de *tsampa*[1] et de thé à sept heures trente, il était levé depuis quatre heures du matin et avait attaqué son rigoureux régime quotidien de prières, d'étude et de méditation. Après le petit déjeuner commençait sa journée de travail « normale », faite d'un enchaînement continu de rendez-vous : un officier de liaison du gouvernement indien, le lama principal d'un ancien lignage du bouddhisme tibétain, le président d'une république ex-soviétique, un sujet important du gouvernement tibétain en exil, et différents membres de son cabinet privé. Et, au milieu de tout cela, je constatai qu'il avait trouvé le temps de recevoir un groupe fraîchement débarqué de réfugiés tibétains. Ils avaient franchi l'Himalaya à pied et arrivaient sans le moindre sou, leurs *chubas* traditionnelles poussiéreuses et déchirées par la longue route, leurs esprits fatigués par des années de souffrance sous la férule des communistes. La simple vue du dalaï-

1. Le *tsampa* est le principal constituant du repas tibétain traditionnel. Il est fabriqué à partir d'orge grillé mélangé en une pâte épaisse à du thé.

lama avait suffi à les raviver et à leur insuffler de l'espoir et de la joie. Il leur offrit des paroles d'espoir et d'encouragement, ainsi que des conseils plus pratiques : « L'éducation est indispensable à votre réussite », « Je conseille aux hommes de se méfier des prostituées, vous pourriez attraper une maladie. »

À quatorze heures, enfin, son dernier rendez-vous de la journée s'achevait. J'attendais. Il m'avait réservé plusieurs heures chaque après-midi pour que nous puissions travailler à notre livre, et je lui laissais peu de répit avec mon flot ininterrompu de questions, dont bon nombre lui paraissaient si dépourvues de sens ou impossibles, au point de mettre à rude épreuve sa patience légendaire, qu'elles étaient devenues un sujet de plaisanterie entre nous.

Le dalaï-lama m'accueillait chaleureusement sur le pas de la porte de sa maison, sous le porche recouvert de bougainvillées, avec pour arrière-plan les cimes enneigées des montagnes du Dhaludar, dans le nord de l'Inde. Peu de chose avait changé dans cette pièce depuis notre première rencontre, vingt ans plus tôt. Les mêmes peintures *thankas* tibétaines traditionnelles ornaient les murs jaune pâle, le même autel bouddhiste constellé d'icônes trônait dans un coin, et la même carte en relief du Tibet tapissait entièrement le mur opposé. Le modeste mobilier ne semblait pas avoir changé non plus, sauf le sofa, qui avait peut-être été retapissé.

Tandis que je déballais mes carnets et mon magnétophone, nous évoquions ses activités au cours de la journée. En règle générale, j'étais son dernier rendez-vous, et j'étais donc bien placé pour voir le défilé de mes prédécesseurs tandis que je patientais dans la salle d'attente. Ce jour-là, je ne sais pourquoi, j'avais été frappé par la variété des individus à qui il prodiguait son temps et ses conseils, des personnes qui venaient le voir de tous les points du globe.

J'avais cela présent à l'esprit au moment où nous allions commencer. Je lui ai dit :

« Vous savez, je n'ai pas pu m'empêcher de remarquer le nombre incroyable de gens différents que vous recevez, des gens qui font toute sorte de métiers. Et je pensais que vous-même êtes impliqué dans toutes sortes d'activités. Cette semaine, j'aurais aimé que nous nous penchions sur la question du travail...

— Oui, très bien, acquiesça-t-il.

— Et, puisque nous allons évoquer ce sujet, je me demandais, par curiosité, comment vous définiriez votre métier. »

Le dalaï-lama prit un air perplexe : « Que voulez-vous dire ? »

J'étais moi-même perplexe face à sa perplexité. La question m'avait pourtant l'air simple. Je m'expliquai :

« Eh bien, en Occident, lorsque vous rencontrez quelqu'un pour la première fois, on vous demande souvent : "Que faites-vous dans la vie ?", ce qui veut dire, en pratique : "Quel type de travail faites-vous ? Quel est votre métier ?" Donc, pour reformuler ma question, si vous rencontriez quelqu'un qui n'avait pas la moindre idée de qui vous êtes, qui ne saurait même pas que votre habit est celui d'un moine, s'il voyait simplement en vous un être humain et vous demandait : "Que faites-vous dans la vie ?", que répondriez-vous ? »

Le dalaï-lama réfléchit un long moment, et finit par laisser tomber : « Rien. Je ne fais rien. »

Rien ? Comme pour répondre à mon air ébahi, il répéta : « Si j'étais subitement confronté à cette question, c'est sans doute ce que je répondrais : je ne fais rien. »

Rien ? Je n'y croyais pas une seconde. Cet homme travaillait plus dur que la plupart de mes connaissances. Cette journée par exemple avait été harassante, mais ce n'était rien au regard de son emploi du temps lors de ses fréquents voyages à l'étranger. En fait, l'année précédente, j'avais fait partie de son entourage lors d'une tournée de conférences aux États-Unis, et j'avais été le témoin direct de son incroyable activité : en tant qu'homme d'État, il avait rencontré le président Bush, le secrétaire d'État Powell, et toute une brochette de parlementaires de haut rang ; en tant que maître bouddhiste et très grand érudit, il avait donné de très nombreuses conférences sur les facettes les plus subtiles de la philosophie bouddhiste ; en tant que lauréat du prix Nobel et combattant infatigable pour la paix dans le monde et les droits de l'homme, il avait prononcé des discours devant des dizaines, des centaines de milliers de personnes ; en tant que chef spirituel œuvrant en faveur du dialogue et de l'harmonie entre les religions, il avait rencontré des figures représentatives de nombreuses croyances : prêtres, rabbins, swamis, et même le chef des mormons. Il avait enfin dialogué avec des scientifiques, des savants, des artistes, des célébrités et des inconnus. Et, partout où il se rendait, il ne laissait jamais passer l'occasion d'aller vers les réfugiés tibétains qui s'efforçaient de bâtir une existence et de prospérer dans leur nouveau pays. Il travaillait du matin au soir, passant d'une ville à l'autre à un rythme tel qu'elles semblaient se fondre l'une dans l'autre. Et pourtant, pas une seule rencontre, pas un seul événement au cours de cette tournée n'avait été entrepris à sa demande : il ne faisait que répondre à des invitations. Plus remarquable encore : son emploi du temps avait beau être rempli à craquer, il gérait tout ce travail sans effort apparent. Il était visiblement heureux.

Il ne faisait rien ? Mon œil... Je repris :

« Vraiment ? Et si la personne insistait et vous posait à nouveau la question ? »

Il rit :

« Eh bien, je dirais probablement que je fais attention à moi-même ! Que je prends simplement soin de moi ! »

Percevant peut-être ma frustration face à cette esquive, il sourit et poursuivit :

« Cette réponse ne vous paraît peut-être pas tout à fait sérieuse. Mais si vous y réfléchissez, vous verrez qu'elle est juste. Après tout, de quoi s'occupent les six milliards d'êtres humains si ce n'est du “principal” ? N'est-ce pas[1] ? Donc, quel que soit votre travail, quel que soit votre métier, de notre premier jour jusqu'au dernier, chacun de nous travaille simplement à prendre soin de soi. C'est notre tâche principale. »

Décidément, mes efforts pour lui faire décrire son travail ne menaient à rien. Ce n'était pas la première fois que j'étais le témoin de sa réticence à évoquer son rôle dans le monde. Il n'a tout simplement pas l'habitude de penser à lui-même en ces termes. J'ai donc décidé de laisser tomber la question pour le moment et

---

1. Parfois, lorsqu'il s'exprime en anglais, le dalaï-lama utilise l'expression *is it not?* (n'est-ce pas?) pour dire « n'êtes-vous pas d'accord » ou « ne pensez-vous pas ? ».

d'aborder le problème du travail de manière plus générale.

« Mais, pour s'occuper de soi, on a bien besoin d'un travail ? Ne dites-vous pas tout le temps que le but de l'existence est le bonheur ?

— C'est vrai.

— Donc, nous devons être heureux aussi bien dans notre travail qu'à la maison, malgré que ce ne soit pas toujours facile. Laissez-moi vous donner un exemple. Peu de temps après sa parution, j'ai offert *L'art du bonheur* à l'une de mes amies. Elle m'a confié que c'était devenu son livre de chevet, dont elle lisait quelques pages chaque soir avant de s'endormir. Elle était très inspirée par vos paroles, lesquelles lui donnaient le sentiment qu'il était vraiment possible d'être heureux. Mais elle ajoutait : "Quand j'éteins la lumière, je me dis que le bonheur est à portée de main, le véritable bonheur, pour peu que je m'en donne la peine. Pourtant, le lendemain, je dois me lever à cinq heures et faire une heure de voiture pour arriver à mon bureau. Aussi, dès que j'y mets les pieds, tout change : il y a les pressions, les exigences, mon patron qui est un salaud, mes collègues que je ne supporte pas. Et l'idée du bonheur semble s'évaporer, elle file entre mes doigts. Je suis tellement bousculée que je n'ai pas le temps de souffler, encore moins d'exercer mon esprit ou de songer à mon développement intérieur. De plus, mon employeur se fiche éperdument de mon bonheur, bien évidemment. Mais j'ai besoin de travailler. J'ai besoin de gagner ma vie. Je ne peux pas simplement démissionner et espérer que je trouverai un autre boulot. Comment puis-je alors trouver le bonheur dans mon travail ?" »

J'ai enchaîné :

« Bien sûr, le cas de mon amie n'est pas isolé. Dans de très nombreux pays les gens sont insatisfaits de leur job. J'ai lu, il y a peu, une enquête selon laquelle près de la moitié des salariés américains sont mécontents, malheureux. Certains experts auxquels je me suis adressé disent que le chiffre est sans doute plus élevé encore. Et les choses semblent aller de mal en pis. Selon l'organisation non gouvernementale qui a mené cette enquête, celle-ci a montré qu'au cours des cinq ou six dernières années le pourcentage de gens qui se disent satisfaits de leur travail a chuté d'environ huit pour cent. »

Le dalaï-lama eut l'air surpris :

« Comment cela se fait-il ?

— Eh bien, selon les études que j'ai consultées, les raisons sont diverses, allant de l'absence de récompenses à l'ennui pur et simple en passant par des facteurs plus complexes liés à la nature de l'activité ou aux conditions de travail. Toutes sortes de choses peuvent rendre quelqu'un malheureux dans son emploi : mauvaise ambiance, manque de reconnaissance, routine et bien d'autres choses. En fait, j'aimerais connaître votre opinion sur chacun de ces facteurs. Mais laissez-moi illustrer mon propos. Quelques jours avant mon départ pour Dharamsala, j'ai dîné avec des amis qui travaillent pour d'importantes sociétés de logiciels. Ils ont passé la soirée à se plaindre de leur travail ! Un des principaux problèmes selon eux était qu'ils n'exerçaient aucun contrôle sur ce qu'ils faisaient jour après jour. Ils n'avaient aucun sentiment d'autonomie, aucune liberté de travailler comme ils l'entendaient. D'un côté on ne leur donnait pas assez d'informations et de directives, mais de l'autre, dès qu'on leur attribuait une tâche précise, ils étaient surveillés de si près qu'il ne restait plus de place pour la créativité ou l'initiative personnelle. Non seulement ils n'avaient aucun contrôle sur le type de travail qu'ils devaient faire, mais ils n'en avaient pas davantage sur la manière de s'y prendre.

« Ma question est donc, que conseilleriez-vous à une personne souhaitant améliorer son autonomie ou sa liberté dans le travail ?

— Je ne sais pas, répondit le dalaï-lama après avoir réfléchi. Bien sûr, cela dépend entièrement de la situation dans laquelle se trouve la personne, des circonstances particulières.

— Vous n'avez pas de suggestions d'ordre général ?

— Prenons l'exemple d'un prisonnier. Bien évidemment, il est préférable de ne pas se trouver en prison, mais même dans cette situation, alors qu'on est privé de liberté, certains petits choix sont encore à notre portée. Et bien que l'on soit enfermé, soumis à des règles draconiennes, on peut utiliser certaines pratiques spirituelles pour essayer d'apaiser ses frustrations mentales, pour essayer de pacifier son esprit. On peut travailler à son développement intérieur. En fait, il existe un programme ici, en Inde, par lequel on apprend aux prisonniers à méditer.

« Donc, je me dis que si les gens sont en mesure de faire cela dans les conditions extrêmes de l'emprisonnement, ils doivent pouvoir découvrir dans leur travail des petites choses, de petits choix qui sont à leur portée. Cela est aussi vrai pour l'ouvrier sur une chaîne de montage, dont les tâches sont très répétitives, car il existe encore d'autres choix concernant l'attitude que l'on a, la manière dont on interagit avec ses collègues. On peut se servir de certaines qualités intérieures ou forces spirituelles pour changer sa façon d'être au travail, même lorsqu'il est pénible. N'est-ce pas ? Cela peut s'avérer utile.

« Bien sûr, quand on parle de règles rigides, de manque de liberté, cela ne veut pas dire que l'on est obligé d'obéir aveuglément et d'accepter tout ce que l'on vous dit. Si l'on vous exploite, si votre employeur ne pense qu'au profit et vous paie une misère tout en imposant des horaires interminables, où si l'on vous demande de faire des choses inappropriées ou contraires à votre éthique, vous ne devez pas vous contenter de penser “Eh bien, *cela* est mon karma”, et ne rien faire. Dans ce cas, il ne suffit pas de penser “Je dois simplement me contenter”.

« Face à l'injustice, l'inaction constitue le mauvais choix. Les textes bouddhistes parlent de “tolérance mal placée”, ou d'“endurance mal placée”. Pour prendre le cas des Tibétains face à l'injustice chinoise, la patience ou l'endurance mal placée serait le sentiment d'endurance que ressentent certains individus lorsqu'ils sont soumis à une activité très destructrice, négative. Cela, c'est de l'endurance mal placée. De même, dans le contexte du travail, s'il y a beaucoup d'injustice ou d'exploitation, alors la tolérance passive est la mauvaise réponse. La réponse appropriée est plutôt de résister activement, d'essayer de changer l'environnement, non de l'accepter. On se doit d'agir.

— À quel type d'action pensez-vous ?

— Cela dépend encore de la situation, fut la réponse raisonnable du dalaï-lama. Mais peut-être faut-il parler à son patron, à ses supérieurs, pour s'efforcer de changer ce qui ne va pas?

— Et si ça ne marche pas?

— Alors il faut se rebeller! dit-il en éclatant de rire. C'est ce que je conseille en général. Il faut résister activement à l'exploitation. Dans les cas extrêmes, il convient peut-être tout simplement de démissionner et de chercher un autre emploi.

— Une chose est sûre, c'est que dans notre monde l'exploitation est partout. Cependant, dans de nombreux cas, ce n'est pas une simple question d'exploitation outrancière. Il peut s'agir tout simplement de la nature particulièrement exigeante du travail. Par exemple, lorsque l'économie ne va pas bien, les sociétés procèdent à des licenciements. Et les salariés qui restent doivent assumer plus de responsabilités. Le travail devient alors encore plus stressant pour ceux qui restent. Avez-vous des suggestions pour ce type de situation, ce type de pression ou de stress?

— La manière dont chaque individu réagit émotionnellement et psychologiquement est très variable, et cela dépend également de la nature du travail et de la société. Les facteurs dont il faut tenir compte sont donc très nombreux. Si vous percevez votre travail comme quelque chose qui en vaut vraiment la peine, ou si votre travail a un objectif élevé, alors même s'il s'agit d'un travail très dur, vous pouvez être plus disposé à endurer ces difficultés. Dans de telles circonstances, vous pouvez vous dire : "Bon, c'est unc occasion de faire quelque chose de bien." Donc, cela varie.

— Mais ça ne s'applique pas forcément à tout le monde. La question que je me pose porte plutôt sur l'existence d'une démarche générale pour faire face à une surcharge de travail, qui est une des sources les plus courantes d'insatisfaction.

— Qu'est-ce qu'une "surcharge de travail"? me demanda le dalaï-lama. Sa curiosité était sincère. De toute évidence, il n'avait jamais entendu parler d'une telle chose. »

Je cherchai mes mots :

« Eh bien, vous savez, quand vous avez trop de travail, cela devient une source de stress.

— Je ne saisis toujours pas ce que vous entendez par ce terme "surcharge". Par exemple, si votre patron vous confie une tâche que vous pouvez peut-être finir dans un certain laps de temps, ce n'est sans doute pas une "surcharge", puisque vous êtes capable de vous en acquitter, même si c'est difficile. Est-ce lorsqu'il vous donne un travail impossible à accomplir dans un certain délai? Mais dans ce cas il faut simplement dire "Je ne peux pas faire cela". Qu'entendez-vous donc par là? »

Il ne voyait vraiment pas de quoi je voulais parler. Et moi, je ne voyais pas pourquoi il ne voyait pas. Le concept de surcharge de travail n'est pas une obscure coutume américaine, et il n'est même pas propre à la culture occidentale. Après tout, les Japonais n'ont-ils pas inventé le mot *karoshi*, qui signifie « mort par excès de travail »? Je reformulai encore ma question :

« Disons que vous êtes un jeune moine et que vous étudiez et pratiquez le bouddhisme. Votre maître est en quelque sorte l'équivalent d'un patron.

— Très bien, d'accord, acquiesça-t-il de la tête. Je comprends.

— Votre job, c'est donc de mémoriser certains textes. Disons que votre patron vous donne un texte que vous devez mémoriser en une semaine. C'est un texte rempli de difficultés. En travaillant très dur, vous parviendrez peut-être à l'apprendre par cœur pour la semaine suivante, mais cela promet d'être très dur. Or voilà que votre maître revient quelques heures plus tard et vous dit que vous devez mémoriser aussi un autre texte, et dans les mêmes délais. C'est votre patron, vous ne pouvez pas simplement répondre “je laisse tomber, je ne vais pas devenir moine”. Donc, dans ce contexte, la surcharge de travail c'est qu'on vous donne de plus en plus de choses à faire, mais sans disposer de plus de temps pour les faire.

— Je vois. Je crois que je comprends, maintenant. Je me souviens, lorsque j'avais vingt ans, au Tibet, j'ai dû donner un enseignement important. Pour me préparer, il fallait que j'étudie tôt le matin et tard le soir. Je devais me lever de très bonne heure avant que mes serviteurs arrivent, et une fois qu'ils étaient partis, je devais travailler tard dans la nuit, à lire et à mémoriser. Alors je me réveillais quelques heures plus tôt que d'habitude et je me couchais quelques heures plus tard. Est-ce que cela est une surcharge de travail ?

— Très exactement.

— Mais, pour l'accomplir, il m'a suffi d'un peu plus de concentration et d'énergie. Et d'ailleurs, je n'en ai pas souffert à court terme. Pourtant, si j'avais dû faire cela, dormir moins, pendant une longue période, si j'avais eu une telle surcharge pendant toute une année, alors il est vrai que cela aurait été impossible.

— C'est précisément ce à quoi de plus en plus de gens doivent faire face aujourd'hui.

— Pourquoi ces gens ne disent-ils pas alors tout simplement “je ne peux pas le faire” dès le début ? On les licencierait ?

— Bien souvent, oui.

— Dans ce cas, il me semble que cela renvoie à l'appréciation de nos propres limites. Si votre patron vous donne encore plus de travail, et si cela dépasse vos capacités, alors il faut protester. Il faut dire “c'est trop de travail” et parler pour essayer de le réduire. Et si cela ne fonctionne pas, alors peut-être faut-il changer de travail.

« Supposez en revanche que votre patron accepte de vous payer plus, alors c'est votre choix et vous n'avez pas de raison de vous plaindre d'une surcharge de travail. Par contre, si le patron vous donne trop de travail sans vous payer en conséquence, alors cette “surcharge” n'est que de l'exploitation, le type d'exploitation dont nous venons de parler.

« J'estime que, dans ce type de situation, l'employeur a pour responsabilité de juger ce que l'on peut raisonnablement demander à une personne. Surcharger les gens, c'est tout simplement ne pas se soucier de ce qui leur arrive. Même le fait de surcharger une bête de trait est un manque de respect envers cette vie. C'est donc de l'exploitation, donc injuste.

— Je suis heureux que vous ayez évoqué la question de l'injustice. Parce que c'est une autre grande source d'insatisfaction dans le travail. En fait, nous sommes en train de passer en revue les sources d'insatisfaction les plus courantes.

« Dans le contexte actuel, l'accent est souvent mis exclusivement sur la production, la productivité : produisez, produisez, produisez ! C'est peut-être en train de changer, mais lentement car, si de plus en plus d'entreprises sont attentives à la nécessité d'un environnement humain, bien souvent les sociétés se fichent du bien-être de leurs salariés, de leur satisfaction ou de leur frustration. Tout ce qui compte, c'est le bas de bilan : des profits plus importants, un cours élevé en Bourse. Et ce type d'environnement crée les conditions propices à toutes sortes d'injustices, de stress, d'iniquités, etc. Comment conserver un sentiment de calme et satisfaction intérieure quand tout autour de vous ne parle que de production et de profit ? »

Le dalaï-lama rit :

« Howard, certaines de vos questions sont vraiment impossibles ! C'est comme si vous me demandiez comment des individus qui sont en enfer peuvent apprendre à pratiquer la patience, la tolérance et la tranquillité. Il n'existe pas toujours de réponses faciles. Dans nos sociétés modernes, on trouve maints exemples d'injustice, de corruption chez les dirigeants, de népotisme, d'affairisme. Ces situations sont très fréquentes. Et il est bien difficile de se sentir satisfait. Comment faire ? C'est un vrai problème. C'est comme dans le cas de notre pays : nous sommes honnêtes, nous ne sommes pas anti-Chinois, mais les Chinois nous accusent de tout un tas de choses et utilisent la contrainte physique au Tibet. Dans ces circonstances, ils ont légalement tort, nous avons raison, mais c'est nous qui souffrons. Nous sommes battus. Dans de telles conditions, essayer d'obtenir une certaine mesure de satisfaction, une certaine tranquillité d'esprit, voilà qui est difficile !

« Des millions de personnes sont soumises à différentes formes d'injustice, n'est-ce pas ? Nous devons combattre l'injustice, mais il nous faut aussi trouver des moyens d'y faire face intérieurement, apprendre à nos esprits à rester calmes, à ne pas développer de la frustration, de la haine ou du désespoir. C'est la seule solution. Nos systèmes de croyance nous aideront peut-être, que l'on ait foi dans le karma ou en Dieu, mais nous pouvons aussi utiliser notre intelligence humaine pour analyser la situation et essayer de la voir sous un autre angle. Cela peut être utile », conclut-il avec conviction.

Me référant à nos nombreuses conversations passées, j'ai dit :

« Nous avons souvent parlé du fait que la clé du bonheur réside dans la formation de l'esprit, dans l'utilisation de la raison et de l'analyse pour façonner nos attitudes et nos points de vue. En réalité, il s'agit de ce que vous appelez la méditation analytique.

— C'est exact, répondit le dalaï-lama.

— Pourriez-vous développer un exemple spécifique de ce type de processus ? Disons que j'attendais une promotion et que je ne l'ai pas eue. Je ne me sens vraiment pas bien, j'ai le sentiment que c'est injuste, et je suis peut-être jaloux de la personne qui a été promue. Que dois-je faire ?

— Vous devez commencer par analyser objectivement si le fait de réagir par de la colère ou de la jalousie, par exemple, vous fera du bien ou du mal sur le long terme. Vous devez réfléchir profondément à la question de savoir si votre réaction vous apaisera, ou bien si cette réponse et ces émotions ne feront que vous rendre plus malheureux encore. Et vous devez relier cela à vos expériences antérieures, penser à l'effet de ces émotions sur votre santé physique et mentale. Penser aux occasions passées où vous avez ressenti de la jalousie ou de la haine et vous demander si elles ont rendu votre vie plus satisfaisante, si elles vous ont permis d'atteindre vos buts. Penser à la manière dont les autres ont réagi à votre égard lorsque vous manifestiez de la colère ou de la jalousie et analyser si cela vous a aidé à avoir de meilleures relations. Penser à tout cela jusqu'au moment où vous serez persuadé qu'il n'y a rien de plus dommageable que de réagir constamment par de l'hostilité, de la jalousie, et que vous percevrez les bienfaits des émotions positives comme la tolérance ou le contentement.

— D'accord, admettons que je sois convaincu. Et ensuite ?

— Donc, vous espérez de l'avancement ou un nouvel emploi. Vous disposez de toutes les qualifications et vous avez de la valeur, mais vous n'obtenez pas ce que vous espériez. Vous commencez par penser "Oui, je méritais ce travail", mais vous pouvez choisir la manière dont vous réagirez. Vous pouvez être empli de rancœur et de colère, ou bien vous pouvez penser au potentiel destructeur d'un tel état mental. Cette conviction à elle seule peut suffire à vous rendre méfiant vis-à-vis de ces émotions, et donc les réduire un peu. Par conséquent, il ne faut pas continuer à penser au travail que vous n'avez pas obtenu. Il y aura toujours de meilleurs emplois que vous n'avez pas. Ne continuez pas à vous sentir agressif ou jaloux. Cela ne fera qu'accroître votre inquiétude, votre insatisfaction.

« Mais vous avez encore besoin d'un moyen concret pour atteindre une certaine tranquillité d'esprit. C'est ici qu'intervient notre capacité de pensée critique, d'analyse. Vous devez commencer par comprendre qu'aucune situation n'est bonne ou mauvaise à cent pour cent. Parfois, surtout en Occident, je constate une tendance à penser en blanc et noir. Or, tout dans la vie est relatif. Donc, en partant de cette réalité, il vous faut cultiver une perspective plus globale de la situation, essayer de la voir sous divers angles. Vous pouvez pousser l'analyse encore plus loin et comprendre qu'avoir un meilleur travail et plus d'argent n'implique pas que vous n'aurez pas de problèmes. Vous obtiendrez peut-être un meilleur salaire, mais il y a un prix à payer, peut-être des horaires plus longs ou des responsabilités plus importantes, voire un danger physique ou d'autres difficultés encore. De fait, en regardant autour de vous les gens qui occupent des fonctions plus élevées, il se peut que vous découvriez qu'il y a plus de pression, plus de compétition, plus de jalousie. Vous réaliserez peut-être, par exemple, que si votre travail actuel est moins bien payé, il est en revanche plus facile à d'autres égards, voire moins dangereux.

« Donc, vous continuez à analyser la réalité et vous vous dites : Oh, oui, je n'ai pas de chance, je méritais ce poste, mais puisque vous ne l'avez pas eu, au lieu de ne considérer que l'absence d'un meilleur travail, vous pourriez élargir votre point de vue et considérer une autre direction, une direction qui vous permettrait de penser : Bon, d'accord, je suis moins bien payé et ce n'est pas le meilleur travail, mais si cela me permet de gagner assez pour ma famille et ma propre subsistance, je suis content, et cela me suffit. Ainsi, en pensant de cette façon, on peut faire naître un sentiment de satisfaction, même lorsque les choses ne se passent pas comme on le souhaite. »

Le dalaï-lama fit une pause, but une gorgée de thé, avant de poursuivre :

« Je pense donc que par nos propres efforts, en cultivant une perspective plus ample, il est possible d'éprouver plus de contentement envers son travail. »

Je ne pus m'empêcher d'interjeter :

« Bien évidemment, il existe de très nombreux motifs d'insatisfaction à l'égard de son travail. Je me demandais si vous n'aviez rien à ajouter, si vous proposiez d'autres manières de regarder les choses.

— Oh, oui, certainement, répondit-il immédiatement. Une autre démarche consiste simplement à réfléchir à la chance que l'on a d'avoir du travail, ce dont tant de gens sont privés. On peut aussi se dire qu'il y a bien d'autres bonnes choses dans la vie, et que l'on est, là aussi, plutôt mieux loti que certains. C'est encore la réalité.

« Nous avons tendance à l'oublier : nous sommes gâtés. Par exemple, aux États-Unis, les possibilités de trouver un emploi sont nombreuses. Et comme il existe aussi une grande liberté, l'initiative personnelle peut faire la différence. Avec l'initiative personnelle, on peut aller de l'avant. Mais de nombreux motifs de mécontentement et d'insatisfaction dans son travail demeurent. Dans d'autres endroits du globe, comme l'Inde ou la Chine, les possibilités sont réduites. Beaucoup de gens ne trouvent pas de travail. Mais j'ai remarqué que, dans ces pays, les individus sont davantage satisfaits de leur activité professionnelle, et aussi plus motivés. De même, on peut réfléchir à la vie plus difficile qu'ont connue les générations précédentes, avec les guerres mondiales et ce qui s'ensuit. Nous avons parfois tendance à oublier cela, mais en y réfléchissant on peut renforcer son sentiment de satisfaction. »

Je ne pouvais qu'être d'accord :

« Vous avez tout à fait raison. J'ai moi-même beaucoup voyagé, et j'ai vu des coolies ou des portefaix ici en Inde, ou des travailleurs saisonniers, de pauvres gens qui travaillent dans les rizières à travers toute l'Asie, ou des nomades dans votre propre pays, qui ont très souvent l'air sincèrement heureux. Cela ne fait pas de doute. Et je dois reconnaître que nous sommes gâtés. Mais mon pays, les États-Unis, a été bâti sur l'initiative personnelle. N'est-il pas normal que l'on ait envie d'avancer, plutôt que d'être juste satisfaits ?

— Oui, Howard, mais il ne faut pas confondre satisfaction et passivité ! Être heureux dans son travail, ce n'est pas se moquer de tout, refuser de grandir, d'apprendre, rester là où l'on se trouve même lorsque la situation est mauvaise, sans faire le moindre effort pour progresser, pour améliorer son sort. Si notre travail ne nous plaît pas, parce qu'il ne correspond peut-être pas à nos qualifications et nos compétences, notre devoir est de faire tout notre possible pour obtenir un meilleur emploi, d'essayer vraiment. Mais si cela ne marche pas, il ne faut pas sombrer dans la colère, la frustration, il ne faut pas penser : "J'ai essayé, mais je n'ai pas été capable de réussir." Au contraire, il faut se dire : "Eh bien, je l'accepte, je vais garder ce travail." Il faut savoir être satisfait du travail que l'on a. C'est lorsqu'on échoue que l'on peut, par la pratique du contentement, faire la différence entre la colère, l'aigreur, la frustration, et une attitude plus calme et plus heureuse. C'est ici qu'intervient l'entraînement de votre mental. Ce type de raisonnement peut réduire votre frustration et le trouble dans votre esprit. Donc, contentement. Il faut penser contentement. C'est l'élément clé. »

Tandis qu'il parlait, je me disais que bien des gens pourraient avoir du mal à adopter ce type de raisonnement pour désamorcer leur colère, leur haine et leur jalousie. J'ai alors compris que c'est la raison pour laquelle le dalaï-lama répète inlassablement qu'il n'est pas aisé d'entraîner son esprit et de remodeler ses attitudes, qu'il faut des efforts répétés. Et du temps. Pour que ce type de « méditation analytique » fonctionne, on doit réfléchir de manière approfondie aux différentes manières de percevoir sa situation. On doit être intimement convaincu de la vérité absolue de cette nouvelle perspective. Sinon, le risque existe d'utiliser ces lignes de raisonnement comme des rationalisations de mauvaise foi. Ces raisins sont trop verts... Vous vouliez cette promotion et ne l'avez pas eue ? Chaque fibre de votre corps vous dit que le salaire plus élevé, le poste plus important vous auraient rendu plus heureux. Dès lors, comment se convaincre, au-delà de tout doute raisonnable, que cela n'aurait pas été le cas ? Eh bien, en considérant les faits, en se demandant si la précédente promotion vous a rendu tellement plus heureux. Ou en considérant les personnes que l'on connaît à des postes élevés pour voir si elles sont vraiment plus heureuses que les autres. Ou en étudiant les données scientifiques. Dans le cas présent, par exemple, Robert Rice, un chercheur prolifique dans le domaine de la satisfaction professionnelle, a conduit avec ses collègues de l'université de l'État de New York à Buffalo une étude surprenante. Il a découvert que, contrairement à ce que l'on pourrait penser, les gens qui occupent des postes importants ne sont pas plus comblés que les autres. Ce résultat a été reproduit dans toute une série d'études du même type, qui ont toutes montré que la satisfaction dans son travail dépend de la satisfaction dans la vie en général et que, quel que soit le travail que l'on fasse, manuel, intellectuel, prestigieux ou non, il n'a que peu à voir avec le sentiment global de satisfaction.

Il existe une autre raison pour laquelle le processus de remodelage de nos attitudes et perspectives, de nos manières habituelles de percevoir et d'interpréter les situations ou les événements, peut être long et difficile. Il semblerait que bien des gens éprouvent de la difficulté à se passer de leur malheur. J'ai déjà eu l'occasion de le constater dans ma pratique de psychothérapeute. Même si l'on est malheureux comme les pierres, on peut éprouver une sorte de plaisir pervers à se complaire dans l'indignation que l'on ressent lorsqu'on est victime d'injustices. Nous tenons à notre douleur, elle devient une partie de nous, et nous avons du mal à l'abandonner. Après tout, nous sommes habitués à notre manière caractéristique de voir le monde, non ? La perspective d'abandonner nos réactions habituelles, aussi destructrices soient-elles, peut être quelque chose d'effrayant, et cette peur a de profondes racines dans notre inconscient. Il faut ajouter à cela, bien sûr, les bénéfices secondaires que l'on peut tirer du fait de s'agripper à ses rancœurs, ses haines, ses jalousies et son insatisfaction, tout comme nos plaintes constantes servent à susciter de la sympathie et de la compréhension chez autrui. C'est du moins ce que nous pensons, ou que nous espérons. Parfois cela fonctionne, et nos amis ou collègues se joignant à nous avec leur propre catalogue de griefs, nous nous laissons aller à notre petit festival, célébrant les iniquités de la vie et les travers de nos employeurs. Mais assez souvent, bien que nos plaintes soient reçues avec des signes extérieurs de sympathie et de compréhension, elles irritent. Chacun a ses propres problèmes à affronter...

Réfléchissant aux obstacles qui s'opposent à une authentique transformation de notre être et à la manière d'y faire face de manière novatrice, j'avançai :

« Ce sont de bonnes suggestions pratiques, mais cette approche risque de ne pas convenir à tout le monde.

— C'est vrai, admit le dalaï-lama, mais le but principal de mes remarques est de faire comprendre aux gens que si vous avez la possibilité de changer votre environnement de travail, vous pouvez tenter de le faire. Mais vous devez aussi d'essayer de comprendre la cause ultime des différents problèmes.

« Ce qui nous ramène une nouvelle fois à l'idée que tout est interconnecté.

« Que vous rencontriez des problèmes dans votre travail, que vous soyez menacé de licenciement, que vous ayez du mal à trouver un emploi, il y a toujours de très nombreux facteurs en jeu. Vous ressentez de l'insatisfaction. Vous souffrez. Mais c'est peut-être la situation économique mondiale ou des problèmes environnementaux qui sont à la racine du mal. Si c'est le cas, il ne sert à rien d'appréhender des choses si personnellement, de vous en prendre à la société, voire de diriger votre colère contre un patron en particulier. Celle-ci pourrait finir par se transformer en haine, laquelle risquerait de devenir incontrôlée. Et même si vous supprimez cette personne, cela ne changera en rien la situation, n'influera en rien sur les problèmes plus vastes.

« Prenez le cas de la communauté tibétaine qui vit en exil ici, en Inde. Certaines personnes sont mécontentes de l'activité du gouvernement tibétain en exil, et s'en plaignent constamment. Mais elles oublient que le gouvernement en exil est exactement cela : un gouvernement en exil. Et, de ce point de vue, la cause ultime du problème est l'invasion et l'occupation du Tibet par la Chine, qui nous a contraints à l'exil. C'est cela, la source du problème. Une fois que l'on se concentre sur la vraie question, cela crée un sentiment d'unité, qui amplifie le sentiment de satisfaction, à l'inverse des divisions et des conflits qui surgissent dès que nous perdons de vue les questions plus générales et commençons à nous disputer.

« Ainsi, dans ce type de situation, la compréhension des causes plus ultimes devrait vous inciter à donner une nouvelle direction à vos pensées au lieu de vous plaindre inlassablement ou de tourner votre colère contre votre patron. Pensez au monde, à l'économie mondiale. Pensez à l'environnement. Considérez les différentes formes d'injustice sociale. Peut-être même contribuerez-vous ainsi, même modestement, à améliorer les choses !

— Mais le plus souvent on ne peut pas faire grand-chose pour résoudre ces problèmes plus généraux !

— C'est vrai, répondit avec force le dalaï-lama. Vos efforts auront peu ou pas de résultats, les choses ne changeront peut-être pas énormément. Mais au moins vous transformerez votre énergie mentale, vous lui donnerez une tournure positive au lieu de sombrer dans la colère et la haine. Cette perspective plus large influera sur votre motivation, votre enthousiasme dans le travail s'en trouvera augmenté, et cela pourrait vous inciter à essayer d'obtenir des changements dont votre entreprise bénéficiera. Bien sûr, il faut du temps mais, en attendant, si vous êtes impuissant à changer l'environnement professionnel ou les forces plus vastes qui ont contribué à le forger, il vous faudra peut-être changer ou ajuster votre point de vue. Sinon vous serez toujours malheureux dans votre travail et dans votre vie. »

Notre rencontre touchait à sa fin et, pensant qu'il en avait fini, j'avais commencé à rassembler mes notes, lorsqu'il reprit le fil de son exposé sans détours sur la réalité.

« Écoutez. Les problèmes de la vie ne disparaîtront jamais. Il n'est tout simplement pas possible de traverser l'existence sans rencontrer de difficultés. Aucun événement ne peut vous satisfaire à cent pour cent, non ? Il y a toujours un résidu d'insatisfaction. Plus nous sommes à même de l'accepter, mieux nous parviendrons à faire face aux déceptions que nous réserve la vie.

« Prenez le cas d'une personne qui n'aime que les aliments sucrés, pas les aliments amers. Cette personne aime donc un certain type de fruit, au goût globalement sucré. Mais il se peut aussi que ce fruit soit un tout petit peu amer. Mais elle appréciera pourtant le fruit, en dépit de ce léger arrière-goût. Si elle veut continuer à manger ce fruit avec plaisir, elle devra accepter la petite part d'amertume. On ne peut pas les séparer l'un de l'autre, il y aura toujours le sucré et l'amer. La vie est exactement comme cela. Elle a de bons côtés, mais pose aussi des problèmes que vous n'aimerez pas. C'est comme ça. »

La vie est dure. C'était une conclusion un peu sévère à notre entretien. Et comme si tout avait été prévu pour la souligner, il y eut à ce moment précis un coup de tonnerre, et une averse assourdissante couvrit nos paroles tandis que nous prenions congé l'un de l'autre. Un instant plus tard, l'électricité était coupée, ce qui arrive presque tous les jours en cette saison à Dharamsala. Le dalaï-lama eut un petit rire. Son chaleureux sourire et sa jovialité coutumière faisaient un beau contraste avec l'obscurité de la pièce et l'orage qui faisait rage au-dehors. J'avais devant les yeux un homme heureux. Tout en lui semblait dire : une vie heureuse est possible, en dépit des inévitables difficultés. Lui-même avait connu son lot de problèmes, l'invasion de son pays, l'oppression de son peuple, l'exil. Et il continuait à affronter quotidiennement ces difficultés (pour préserver son héritage culturel, pour obtenir la liberté de son peuple, pour les droits de tous les peuples), souvent sans succès. Pourtant, depuis l'âge de six ans, il avait formé son esprit, il avait appris à rester heureux en dépit des problèmes inévitables de la vie. Et cela semblait avoir marché.

Le dalaï-lama dit que si nous pouvons changer certaines des conditions externes qui contribuent à notre insatisfaction dans le travail, nous devons le faire. Sinon, bien que cela ne soit pas toujours facile ou rapide, il est constamment possible d'être heureux dans son travail en remodelant, par un entraînement intérieur, son attitude et sa perception de l'extérieur.

2

Le facteur humain

Lors de notre premier entretien, j'avais parlé au dalaï-lama de mon amie qui s'était renseignée auprès de moi sur la façon de pratiquer l'art du bonheur dans son travail. Lorsque j'avais demandé à celle-ci quelles difficultés elle rencontrait en particulier, elle m'avait répondu : « Tout est très pénible en ce moment. Mais j'ai surtout des problèmes avec mon patron et certains de mes collègues. Mon patron est bien trop exigeant. Il pense que nous devons rester tard au bureau et faire des heures supplémentaires sans être payés, et il ne montre même pas qu'il est satisfait. Il est brutal et peu respectueux. De plus, je ne supporte pas certaines personnes. J'en suis au point où, chaque jour, je commence à redouter de me rendre à mon travail. »

J'ai souhaité qu'elle énonce précisément les problèmes qu'elle rencontrait avec ses collègues, et elle s'est lancée dans une longue description de conflits de bureau. N'ayant aucune expérience particulière dans son domaine, je ne suivais pas tous les détails, mais j'ai réussi à comprendre qu'un collègue très ambitieux s'était approprié le client de quelqu'un d'autre et avait provoqué ainsi la formation de deux camps hostiles dans son service. J'avais l'impression qu'elle me racontait un épisode du jeu télévisé « Koh-Lanta ».

Presque toutes les enquêtes sur les facteurs de satisfaction ou d'insatisfaction montrent que le climat social est capital. Les principaux spécialistes de ce que l'on appelle la « psychologie positive » – comme James Harter, Frank Schmidt et Corey Keyes – ont mis en évidence dans différentes études sur le bien-être professionnel que l'interaction sociale est un élément crucial. D'autres chercheurs, dont les sociologues Karen Loscocco et Sheila Henderson, ont confirmé que l'atmosphère joue un rôle central dans le sentiment de satisfaction des employés. Outre cet effet positif sur le sentiment de satisfaction, « le soutien social dans le cadre de travail » constitue aussi un facteur important de bien-être.

Il était donc inévitable que, dans nos discussions sur l'art du bonheur, nous nous arrêtions tôt ou tard sur la question des relations personnelles, du facteur humain dans le cadre de travail.

Reprenant notre conversation de la veille, le dalaï-lama attaqua : « De nombreux facteurs entrent en jeu dans le rapport entre travail et bonheur. Cela dépend de notre situation, de notre caractère, etc. Mais il ne faut jamais perdre de vue certaines considérations générales, la première étant que le but principal de toutes les activités humaines, qu'il s'agisse du travail ou de toute autre chose, est de profiter aux êtres humains. Reprenons la question : que recherchons-nous dans le travail, quel est son but ? Comme dans toute activité humaine, nous recherchons un sentiment d'accomplissement, de satisfaction et de bonheur, n'est-ce pas ? Et dès que nous parlons de bonheur, les émotions entrent en jeu. Nous devons donc prêter une attention particulière aux relations humaines dans le cadre du travail, à la manière dont nous interagissons les uns avec les autres, et nous efforcer de sauvegarder les valeurs humaines fondamentales, même dans le cadre professionnel.

— Par “valeurs humaines fondamentales”, vous voulez dire...

— Tout simplement la bonté humaine de base. Soyez bon, soyez une bonne personne. Traitez les autres chaleureusement, affectueusement, honnêtement et sincèrement. Avec compassion. »

Le dalaï-lama resta immobile pendant un moment, comme s’il réfléchissait intensément à ces principes. C’était incroyable. Voici un homme qui passait sa vie à parler de ces valeurs humaines, à répéter inlassablement les mêmes idées et, pourtant, chaque fois qu’il les évoquait à nouveau, c’était comme s’il venait de découvrir ces concepts pour la première fois. Il avait beau avoir dit ces choses un nombre incalculable de fois, l’évocation des valeurs humaines semblait toujours lui procurer le même plaisir intense. Il reprit avec enthousiasme :

« Pour moi, il y a une chose qu’il faut garder par-dessus tout présente à l’esprit dès que l’on parle de valeurs humaines comme la compassion : ce ne sont pas des questions religieuses. La compassion ne constitue pas quelque chose de sacré, pas plus que la colère et la haine ne sont considérées comme profanes dans une perspective religieuse. Ces choses ne sont pas importantes parce que des textes religieux le disent, mais parce que notre bonheur même en dépend. Ces états mentaux, la compassion, l’affection, ont des effets bénéfiques sur notre santé, tant émotionnelle que mentale ou physique, sur notre travail, sur notre vie privée, et ils sont même essentiels pour le bien-être de la société dans son ensemble. Ils existent pour notre bien. Lorsque nous cultivons la compassion, nous en sommes les principaux bénéficiaires. Après tout, les humains sont des animaux sociaux ; nous devons coopérer avec les autres pour survivre. Aussi forte que soit une personne donnée, sans compagnons humains elle ne peut survivre, et sans amis certainement pas vivre une vie heureuse et satisfaisante. Donc, si dans votre travail vous faites preuve de cœur, d'affection, votre esprit sera plus serein. Cela vous donnera de la force et vous permettra aussi de mieux fonctionner mentalement, d'améliorer votre capacité de jugement, de décision, etc. »

Un serviteur vêtu d'une robe marron entra silencieusement dans la pièce et nous servit du thé.

« À un niveau fondamental, nous sommes tous des êtres humains, poursuivit le dalaï-lama. Nous avons tous la capacité d'entretenir des relations d'amitié chaleureuses, affectueuses, les uns avec les autres. Donc, si nous parlons du bonheur et du sentiment de satisfaction dans le travail, comme dans toute activité humaine, le facteur humain, la manière dont nous interagissons avec notre entourage, nos collègues, nos clients, notre patron, est d'une importance primordiale. Et je pense que si l'on fait un effort particulier pour cultiver de bonnes relations avec les collègues dans notre travail, si l'on apprend à connaître les autres personnes, si l'on met à contribution ses qualités humaines, alors cela peut faire une différence phénoménale. Quel que soit votre travail, il pourra se révéler une source de satisfaction. Vous aurez envie d'aller travailler, vous y serez plus heureux. Vous vous direz « ah, je vais au travail, je vais voir mes amis ». Le dalaï-lama prononça cette dernière phrase d'un ton si enjoué que je pouvais presque l'imaginer arrivant à l'usine, avec sa gamelle à la main, saluant les collègues qu'il croisait. Je ne pus m'empêcher de sourire.

« C'est quelque chose que chacun peut faire par lui-même pour améliorer son vécu, poursuivit le dalaï-lama. Les gens attendent souvent de l'autre qu'il fasse le premier geste, mais je pense que c'est une erreur. C'est comme des personnes qui sont voisines des années durant sans jamais faire connaissance. Vous devez donc prendre l'initiative, même si c'est votre premier jour de travail, et essayer de vous lier d'amitié avec les autres, vous présenter, saluer, demander à vos collègues depuis quand ils travaillent dans l'entreprise, etc. Bien sûr, ils ne seront pas toujours bien disposés à votre égard. »

Il ajouta en riant :

« Moi-même, il m'arrive que des personnes à qui je souris me jettent des regards suspicieux ! »

Puis il reprit :

« Chacun a ses problèmes et ses frustrations, mais il ne faut pas abandonner simplement parce que les gens ne réagissent pas. Essayez pendant une semaine, un mois. Vous verrez, ils finiront par réagir. Certes, il est sans doute plus facile de laisser tomber. Par exemple, il m'arrive parfois de me trouver dans un hôtel ou un autre endroit et de sourire à quelqu'un qui continue de m'ignorer. Si les gens persistaient dans une telle attitude, je ferais comme eux et les ignorerais, gloussa-t-il.

Je suppose que c'est la nature humaine. Mais cela montre comment une personne peut influer sur l'attitude d'une autre personne, ce qui implique que même une seule personne peut faire une grande différence. Une personne peut en effet suffire à changer l'ambiance d'un bureau. Il existe des équipes au sein desquelles les relations sont très tendues parce que les individus ne s'entendent pas, et puis arrive un nouvel employé, quelqu'un de chaleureux et d'amical. Après un moment l'humeur, l'attitude du groupe dans son ensemble changera pour le mieux. De la même manière, il se produit parfois exactement l'inverse : des gens s'entendent bien puis arrive quelqu'un qui crée des problèmes, et cela finit par exercer un effet sur les autres, voire altérer l'ambiance de travail. Dans ce cas, quelqu'un dans un poste subalterne pourra avoir sur son entourage immédiat plus d'impact que le chef de service.

« À ce propos, je connais des Tibétains qui se sont installés en Suisse, où ils ont travaillé en usine. Sans même parler la langue, ils ont réussi à se faire des amis, juste en souriant, en accomplissant leur travail honnêtement et en montrant par des moyens non verbaux qu'ils faisaient de leur mieux. Il y avait ce Tibétain qui mangeait à la cantine, où en général les salariés restaient entre eux ou formaient de petits clans. Un jour, il a décidé d'offrir le déjeuner à un groupe de ses collègues. Avant ce geste, ces gens n'auraient pas offert le déjeuner à quelqu'un qu'ils ne connaissaient pas très bien, mais cela ne l'a pas arrêté. Puis, le lendemain, une autre personne a offert le déjeuner à tout le monde, pour rendre la pareille. Puis d'autres ont commencé et bientôt chaque jour une personne différente offrait le déjeuner, et ils ont fini par tous se rapprocher. »

Une fois, j'ai entendu le dalaï-lama dire que nous pouvions utiliser nos vies comme une sorte de laboratoire pour expérimenter les principes qu'il ne cesse d'évoquer, et vérifier ainsi par nous-mêmes la véracité de ses assertions. Réfléchissant à ses idées sur le travail et le bonheur alors que je me rendais un jour au supermarché, je me suis amusé à faire comme si j'étais un chercheur en train de préparer une expérience. Voici quelles en étaient les conditions contrôlées : une demi-douzaine de rayons, les mêmes rayons avec les mêmes exemplaires des mêmes magazines, les mêmes tiroirs-caisses, et les mêmes linéaires de chewing-gums et lames de rasoir. La variable expérimentale : le facteur humain – un être humain différent derrière chaque caisse enregistreuse.

Dans mon supermarché, je connais deux caissières qui sont là depuis un bon moment. J'ai eu affaire à chacune d'elles d'innombrables fois. Jane est une femme d'une cinquantaine d'années. Elle est très efficace et consciencieuse, mais elle ne parle pour ainsi dire jamais, se contentant de réclamer dans son micro un prix de temps à autre. Chaque fois que je tombe sur elle, elle affiche une expression légèrement morose, presque boudeuse. Dorothy, de l'autre côté, qui approche la soixantaine, ne saurait être plus différente. Elle est toujours à papoter avec les clients, toujours souriante et serviable. Elle leur demande comment ils vont, et elle se souvient d'eux – elle se rappelle même ce qu'ils ont acheté la dernière fois ! C'est un véritable plaisir de l'écouter. Vous pouvez faire la queue devant sa caisse pendant que la personne devant vous déballe les cent trente-sept articles de son caddy, sort un paquet de bons de réduction et prend tout son temps pour remplir le chèque, cela ne vous dérangera pas. Enfin, disons que cela vous dérangera moins. Dorothy s'intéresse aussi bien à la nourriture qu'aux clients, et commente souvent en direct leurs choix, échangeant des tuyaux à mesure qu'elle tape les prix. « Oh, je n'ai pas encore essayé cette nouvelle marque de pizza surgelée. Elle est bonne ? » « Oh, je vois que vous avez encore acheté des Twinkies. J'ai un conseil à vous donner, achetez la pâte brisée Betty Crocker avec le pudding incorporé, et découpez les morceaux en fines lamelles, puis recouvrez de crème fraîche : c'est le septième ciel ! » (Et c'est vrai, j'ai essayé.) Elle me frappe toujours, comme quelqu'un qui aime sincèrement son travail.

Les attitudes différentes de Dorothy et Jane illustrent non seulement l'impact de votre attitude sur votre satisfaction ou insatisfaction, mais aussi comment une seule personne suffit à établir la différence pour les gens autour d'elle. Il y a peu, j'avais fait des courses importantes et avais donc rempli deux caddies. L'un des employés du supermarché s'était proposé pour m'aider à pousser un des caddies jusqu'à ma voiture, et nous avons discuté en chargeant les provisions dans le coffre. J'avais déjà remarqué que Dorothy considérait les préposés aux sacs avec respect, et certains des jeunes étudiants la traitaient comme leur mère. Pendant que nous chargions ma voiture, le jeune homme me confia qu'il préférait vraiment travailler les jours où Dorothy était de service, et il ajouta : « Je ne suis pas le seul. Lorsque Dorothy est là, tout le monde semble être de meilleure humeur, y compris le gérant. Je ne sais pas bien pourquoi, mais ces jours-là tout semble aller mieux. »

L'importance capitale du facteur humain dans le travail s'applique à tous les contextes, qu'il s'agisse d'un supermarché ou de la Bourse, d'un conseil d'administration ou d'un entrepôt. Quel que soit notre lieu de travail, nous devons trouver le moyen de bien nous entendre avec les gens qui nous entourent.

« Certaines personnes travaillent dans un environnement vraiment tendu et ne s'entendent pas forcément avec leurs collègues. Dans cette situation, avez-vous des idées sur la façon d'améliorer les choses ? l'ai-je interrogé.

— Cela dépend de la personne, de sa capacité et de sa volonté à maîtriser ses émotions comme la colère, la jalousie, etc. Nous devrions faire de notre mieux pour accepter la responsabilité de nos propres émotions, pratiquer la tolérance et essayer de réduire la jalousie, par exemple, mais bien évidemment ce n'est pas toujours facile et on y parvient plus ou moins bien.

« D'un point de vue plus général, on peut commencer par reconnaître que nous sommes tous interdépendants, que nous dépendons tous les uns des autres pour notre subsistance. C'est un bon point de départ. Plus notre compréhension de cette réalité sera profonde, plus notre désir de travailler en coopérant avec les autres sera grand. Parfois, nous avons comme un sentiment d'être séparés des autres, indépendants. Nous adhérons à l'idée que l'on gagne son propre argent, que l'on subvient à ses propres besoins. Alors, qui a besoin des autres ? Lorsqu'on est jeune et en bonne santé, cette tendance à penser qu'on peut se débrouiller tout seul, qu'on n'a pas besoin de se soucier des autres, est encore plus forte. Mais quel que soit notre travail, il y a toujours bien d'autres collègues qui contribuent à leur façon au fonctionnement de l'entreprise dont nous dépendons pour notre subsistance. Sans eux, en écartant nos clients, nos fournisseurs et tant d'autres sans qui notre survie serait impossible, elle n'existerait tout simplement pas.

— À moins bien sûr que nous ne travaillions seuls dans notre sous-sol, si nous sommes des faux-monnayeurs en train de fabriquer notre propre argent ! ai-je plaisanté. »

Le dalaï-lama rit poliment de mon faible sens de l'humour et poursuivit : « En fait, dans le contexte du travail, qui est ce dont nous parlons en ce moment, si l'on vise à mieux s'entendre avec notre entourage, la chose la plus importante est de reconnaître notre interconnexion, notre interdépendance. Voilà le facteur essentiel. Avoir une compréhension claire de cette réalité. Cette conscience nous dispose mieux à travailler avec les autres, quels que soient les sentiments que l'on ait à leur égard. À ce niveau, lorsqu'il s'agit de travailler en équipe, la compassion et l'empathie ne sont même pas nécessaires. Mais si vous voulez renforcer, améliorer la relation, si vous voulez atteindre des niveaux plus profonds et bien plus satisfaisants, alors la compassion et l'empathie sont nécessaires. Vous comprenez ?

— Oui, acquiesçai-je.

— Donc, pour revenir à votre question, si l'on se trouve confronté à des collègues hostiles ou des patrons très durs, il peut être utile d'adopter une perspective plus large, de réaliser que le comportement d'untel n'a rien à voir avec moi, qu'il est peut-être dû à d'autres facteurs, et qu'il ne faut donc pas trop le prendre pour soi. L'hostilité n'a peut-être rien à voir avec vous. On a parfois tendance à oublier ces vérités élémentaires.

« Et je me dois d'ajouter que, s'agissant de cultiver un sentiment de compassion plus profond pour les autres, celui-ci ne doit pas être biaisé ; idéalement, il doit s'adresser à tous de même manière identique. C'est cela, la véritable compassion, la compassion universelle. Les gens pensent souvent que la compassion est quelque chose que l'on éprouve pour ceux qui vivent une situation plus difficile que la nôtre, qu'ils soient pauvres ou dans une passe difficile. Bien sûr, dans un tel contexte, la compassion est une réaction tout à fait appropriée. Si quelqu'un est plus riche ou plus célèbre que nous, nous pensons qu'il n'est pas un objet approprié de compassion. Notre compassion s'assèche, et elle peut se changer en jalousie. Mais si vous regardez plus loin, les individus, quelle que soit leur fortune ou leur renommée, sont des êtres humains comme vous et moi, sujets aux changements de la vie de l'âge, de la vieillesse, de la perte, etc.

« Même si ce n'est pas apparent, tôt ou tard ils connaîtront la souffrance. Ils méritent la compassion pour cette raison, pour le simple fait que ce sont des êtres humains. Cela a un rapport direct avec la question du travail. Du fait que les gens sont souvent en conflit avec leurs supérieurs, leurs patrons, leurs collègues, vous pouvez ressentir de la jalousie, de la peur ou de l'hostilité à leur égard, alors que vous devez vous efforcer de penser à eux comme des êtres humains, dignes de votre compassion comme n'importe qui d'autre.

« Ce qui m'amène à la dernière démarche pour faire face aux situations éprouvantes et difficiles dans le travail. Tout dépend exclusivement de notre point de vue fondamental et de notre orientation, ainsi que des intérêts personnels de l'individu. Certaines personnes, qui ont un intérêt particulier pour la spiritualité, sont des gens qui essayent de former leur esprit, de cultiver des valeurs spirituelles comme la compassion, la patience, la tolérance et le pardon. Pour ces derniers, ces situations deviendront des éléments de leur pratique spirituelle, et ils percevront les situations de conflit comme autant d'occasions pour mettre en pratique ces merveilleuses qualités humaines. Pouvoir aussi utiliser son travail comme un lieu de pratique spirituelle est quelque chose de merveilleux. Comme je le dis souvent, pratiquer la patience et la tolérance ne veut pas dire que l'on doit passivement permettre à soi-même ou à d'autres d'être blessés, et dans de tels cas il faut prendre les contre-mesures appropriées. Cela a à voir avec vos propres réactions internes et aux conflits dans votre travail, ou aux situations qui peuvent provoquer des émotions comme la colère, la haine ou la jalousie. Cette approche est tout à fait praticable. Je connais moi-même de nombreux Tibétains qui ont été emprisonnés pendant de longues années, battus, affamés et torturés par les Chinois. Et pourtant, même dans ces conditions extrêmes, ils ont su utiliser, et parfois même renforcer, leurs pratiques spirituelles, tout en préservant leur compassion, y compris à l'égard de leurs geôliers.

« Il y avait ce vieux moine, par exemple, qui avait passé des années en prison. Un groupe de ses étudiants étaient enfermés au même endroit que lui. Un jour, j'ai rencontré un moine qui était l'un d'entre eux. Il m'a raconté que tout le monde était maltraité, mais que c'était particulièrement pénible lorsque leur maître était battu sous leurs yeux. Ils se mettaient en colère. Mais lui leur conseillait de ne pas se laisser submerger par la haine, il leur expliquait que c'était en fait une opportunité de développement intérieur. Il leur parlait de l'importance de préserver la compassion, même envers leurs geôliers, qui semaient par leurs mauvaises actions les graines de leur propre souffrance future. »

Le dalaï-lama consulta sa montre et s'aperçut qu'il était temps d'arrêter. Il se mit soudain à rire de bon cœur.

« Je parle de toutes ces choses, mais si je travaillais pour une société et si je me retrouvais dans ce type de situation pénible avec des collègues ou un patron, je me demande jusqu'où je pourrais suivre mes propres conseils ! Je commencerais peut-être à m'énerver, à hurler, je jetterais peut-être les meubles par la fenêtre ! Je me ferais licencier ! Et si nous tirons un livre de ces discussions, un jour un de nos lecteurs pourrait venir me voir et me dire : "Je vis une situation très difficile dans mon travail, mais vous avez l'air de savoir ce qu'il faut faire. Pourquoi ne prenez-vous pas ma place pour une semaine ? Vous verrez ce que c'est ! Enfin, merci de toute façon, Howard. Bonne nuit."

— Bonne nuit. Dormez bien. À demain. »

3

L'argent

L'après-midi suivant nous avons repris notre discussion sur les grands motifs d'insatisfaction dans la vie professionnelle. La veille, nous étions tombés d'accord pour dire qu'un climat délétère peut transformer tout travail en cauchemar. Pourtant, selon un sondage de l'institut Gallup, les Américains semblent plus satisfaits des aspects sociaux de leur travail que de la reconnaissance qu'on leur accorde. Pour bien des gens, le salaire est une mesure objective de la valeur que leur accorde leur employeur, mais, dans notre société, le niveau de rémunération représente en fait bien plus que cela. Il est aussi intimement lié à l'idée que l'on se fait de soi-même, à notre valeur telle que nous la percevons.

Comme l'expliquait un ancien courtier en Bourse reconnu dans sa profession, aujourd'hui retiré des affaires : « Pendant trente ans, j'étais tout en haut de l'échelle. Certains jours je faisais gagner des millions de dollars à mes clients, et je gagnais moi-même des dizaines de milliers de dollars. Mais le problème, bien sûr, c'est que d'autres jours j'en perdais autant. Pendant trente ans j'ai fait le yo-yo, pendant les périodes où je "gagnais", je planais. Je me sentais infaillible, et mes clients me couvraient de louanges. Je ne pouvais qu'être d'accord, bien évidemment, je méritais tous leurs compliments. J'avais l'impression d'être le type le plus intelligent de la planète. Je me montrais alors impatient, critique et intolérant avec les autres. Mais, à d'autres moments, les moments difficiles, quand les gens perdaient de l'argent, je sombrais souvent dans une dépression profonde. J'avais honte, et il m'arrivait de rester chez moi à boire, ce qui n'arrangeait rien. J'avais le sentiment d'être un raté, un idiot, et je n'avais même pas le courage d'affronter mes clients. Une fois ou deux j'en suis même arrivé au point de songer au suicide. »

En général, le rapport entre ce que l'on gagne et l'estime de soi est moins dramatique que pour cet homme. Mais son histoire illustre un principe important. Si on choisit un signe extérieur, salaire, succès, réputation, en tant que mesure de sa valeur intérieure, tôt ou tard on sera ébranlé par les changements inévitables de l'existence. Après tout, l'argent, ça va, ça vient, et c'est donc une source instable d'estime de soi, un fondement peu fiable sur lequel bâtir une identité.

Néanmoins, selon les sociologues, un tiers environ des salariés américains considèrent que le but principal de leur activité professionnelle est de gagner de l'argent, la nature du travail étant une considération secondaire. Ces gens seront particulièrement sujets à de forts sentiments de rancœur et d'insatisfaction s'ils sentent qu'ils ne sont pas justement récompensés pour leurs efforts.

Il était inévitable que nous abordions la question de l'argent avec le dalaï-lama, et j'étais curieux de savoir ce qu'il aurait à en dire.

« J'aimerais que nous parlions de l'argent, ai-je attaqué. C'est un vaste sujet, et il existe plusieurs angles d'attaque, mais puisque nous dissertons sur le travail, j'aimerais savoir ce que vous pensez de l'argent en tant que sa principale motivation.

— Je suis bien conscient que pour bien des gens le but de leur travail est simplement de gagner de l'argent. Il n'y a rien de mal à cela. Pour survivre dans une société industrielle moderne, chacun doit gagner sa vie, et il est très réaliste de considérer que le travail est avant tout un moyen de subsistance. Si vous avez une famille, surtout de jeunes enfants, vous devez subvenir à leurs besoins par votre travail, qui revêt alors une certaine noblesse. Les problèmes commencent lorsque gagner de l'argent devient un but en soi. On perd alors de vue la raison même pour laquelle nous devons en gagner : avoir les moyens d'accomplir quelque chose. En soi, l'argent n'est qu'un bout de papier sans grande valeur. C'est nous, la société, qui lui attribuons de la valeur. Sa valeur réelle, c'est le coût du papier sur lequel il est imprimé. Cela a peut-être l'air idiot, mais je pense qu'il est important de rappeler ce fait élémentaire de temps à autre.

« Le problème avec l'appât du gain, c'est que l'on devient les victimes d'une insatiable avidité. Nous devenons les esclaves de l'argent. J'ai des amis – je pense vous en avoir déjà parlé dans le passé – qui courent de droite à gauche, qui font le tour du monde à la recherche de chaque fois plus d'argent. Je me moque de leur asservissement à l'argent. Si cette activité les rend heureux et leur fournit le sentiment de satisfaction qu'ils cherchent dans la vie, alors tout cela a peut-être un sens. Mais ce n'est pas le cas. En fait, le véritable problème est que nous ne sommes jamais satisfaits de rien. À moins de devenir l'une des personnes les plus riches au monde, ce qui en tout état de cause est extrêmement peu probable, il y aura toujours quelqu'un qui aura beaucoup plus d'argent que vous. Vous serez toujours insatisfait. Si vous gagnez un million, vous voudrez dix millions, et quand vous en aurez dix, vous en voudrez cent. Donc, à moins d'apprendre à dire : "Cela me suffit", on ne peut jamais être vraiment satisfait. C'est comme un jeu où l'on changerait constamment la position des buts, ce qui interdit de jamais gagner.

— C'est peut-être vrai, mais certaines personnes cherchent à faire de l'argent, non pour l'argent en soi, ni pour les choses qu'il permet d'acheter, mais pour le pouvoir qu'il donne. Leur motivation, c'est le pouvoir. »

Le dalaï-lama secoua la tête :

« Je pense que le véritable pouvoir tient au respect que les gens ont pour vous. Le véritable pouvoir dépend de votre capacité à influencer le cœur et l'esprit d'autrui. Gandhi, par exemple, avait un véritable pouvoir qui n'était pas fondé sur l'argent. Le pouvoir que confère l'argent est artificiel, superficiel, et il ne dure pas. On respecte votre argent, on ne vous respecte pas vous; donc, le jour où vous n'avez plus d'argent, pouvoir et respect s'évanouissent. C'est comme le pouvoir que vous donne le fait de tenir une arme; dès que vous posez le pistolet, il n'y a plus ni pouvoir ni respect pour la personne qui le tenait. »

Poussant les choses un peu plus loin, j'ajoutai :

« Je pense que, au fond d'eux-mêmes, les gens se disent que plus ils seront riches, plus ils seront libres.

Ils auront la liberté d'aller où bon leur semble, ils auront la liberté de faire ce qu'ils voudront. Les gens pensent que les milliardaires jouissent d'une liberté totale. Ils font ce qu'ils veulent, ils vont où ils veulent.

— La liberté est un vaste sujet, me rappela-t-il. Mais, dans ce cas, il s'agit de liberté dans un contexte très limité. Et dans ce contexte limité, oui, en effet, il existe un certain degré de liberté. Par exemple, on est libéré du souci de devoir obtenir de l'argent, de trouver de la nourriture, de s'habiller, de se loger. Il y a un certain sentiment de liberté. Si un individu ou une famille doivent lutter pour leur survie au jour le jour, alors on aura forcément tendance à penser que l'amélioration de leur situation financière entraînerait forcément l'amélioration de tout le reste, puisque c'est cela qui les occupe le plus.

« Les gens ont donc besoin d'une certaine quantité d'argent. L'argent peut être utile, il permet d'acheter de la nourriture, des médicaments, y compris de s'acheter un logement ou de s'offrir des vacances. D'accord. Et si on a plus d'argent qu'il n'en faut, on peut l'utiliser pour aider les autres. C'est très bien.

« Il existe une autre raison pour laquelle l'argent peut faire une différence. À la base de ce que j'estime être les valeurs humaines fondamentales on trouve un intérêt pour les autres. Si quelqu'un est démuni, terriblement pauvre, alors la mise en œuvre des valeurs humaines lui sera difficile. Il est parfois difficile d'avoir de la considération pour autrui lorsque vous peinez à assurer votre subsistance. Par exemple, il est important de protéger l'environnement, mais quelqu'un qui a faim pourra abattre des arbres ou creuser le sol pour manger. Cette personne doit penser en premier aux besoins immédiats de son estomac avant de s'inquiéter pour l'environnement.

« Mais il s'agit de nos valeurs fondamentales, de nos attitudes envers l'argent, pas de l'argent en tant que simple moyen de subvenir à ses besoins fondamentaux, comme la nourriture et le logement. Vous évoquez les gens qui estiment que l'argent est un moyen d'atteindre la liberté. Or, pour bien des gens, il existe une sorte de postulat de départ que l'argent permet de résoudre tous nos problèmes. Et même parmi les Tibétains, même parmi des gens qui ont été exposés à l'idée de la spiritualité et du bouddhadrhama, il existe parfois une tendance à croire que si vous allez aux États-Unis et gagnez beaucoup d'argent, alors tout ira bien. En fait, il existe une expression en tibétain pour l'argent, qui est *kunga dbondup*. Littéralement, cela veut dire “ce qui rend tout le monde heureux et réalise tous les souhaits”. De toute évidence, faire une telle supposition est dangereux. En Occident, cela se comprend peut-être d'un point de vue historique parce que, dans bien des pays, les sociétés ont émergé d'un état de grand dénuement économique, et donc la société dans son ensemble était tournée vers le développement économique. Il y avait cette idée qu'un développement économique réussi réglait les problèmes de la société. Mais même lorsque les conditions se sont améliorées ce mode de raisonnement est resté. Et je pense que cela était dû au fait que l'on a négligé le développement simultané des valeurs intérieures. Ou bien on pourrait dire que ce mode de pensée est une conséquence ou un effet secondaire de l'incapacité à reconnaître les valeurs du potentiel intérieur, comme la compassion, la tolérance, l'affection. »

Le dalaï-lama poursuivit :

« Mais, Howard, vous qui venez des États-Unis, vous connaissez mieux que moi les attitudes américaines. Dans votre société, les gens aisés que vous avez rencontrés vous donnent-ils l'impression qu'ils sont très satisfaits, ou bien ont-ils le sentiment qu'il leur manque encore quelque chose, qu'ils ont besoin d'autre chose que de la richesse ? Que pense la majorité ?

— Une fois qu'ils sont devenus riches ?

— Oui.

— Eh bien, j'ai moi-même rencontré un certain nombre de gens qui possèdent des centaines de millions de dollars, et je connais au moins un milliardaire. Et j'ai le sentiment que le fait d'être riche ne modifie pas radicalement leur état de bonheur au quotidien. Pourtant, j'en connais certains qui aiment vraiment avoir beaucoup d'argent, pour acheter des œuvres d'art, par exemple, et ils en tirent une immense satisfaction. Mais je pense surtout que les gens riches qui sont heureux ne sont pas foncièrement différents des gens pauvres qui sont heureux : s'ils donnent aux œuvres de charité, s'ils ont de vrais amis, une belle famille, ils sont heureux. Sinon, ils ne le sont pas. C'est aussi simple que cela – du moins est-ce mon impression. Mais selon moi les données scientifiques, les études, les recherches et les enquêtes réalisées par des sociologues sont plus importantes que mes impressions, tirées de ma fréquentation de quelques personnes très riches.

« Au cours des conversations qui ont conduit à notre premier livre, nous avons très brièvement abordé la question de l'argent. Comme vous vous en souvenez, je mentionnais certaines études qui semblent montrer qu'au-delà d'un certain point, du moins lorsqu'on est au-dessus du seuil de pauvreté, une fois que nos besoins fondamentaux sont satisfaits, le fait d'avoir plus d'argent ne rend pas plus heureux. Il n'existe pas de rapport direct entre les deux. Par exemple, j'ai lu dans le *New York Times* que les revenus des gens ont augmenté de seize pour cent au cours des trente dernières années aux États-Unis, mais le pourcentage des Américains qui se décrivent comme étant "très heureux" a chuté en fait de trente-six à vingt-neuf pour cent pendant la même période. »

Le dalaï-lama hocha pensivement la tête pendant que je poursuivais.

« L'autre jour j'ai cité une étude selon laquelle la satisfaction dans le travail est en chute libre depuis quelques années. L'aggravation de ce sentiment concerne essentiellement les gens aux revenus les plus élevés. Hélas, ces résultats scientifiques, et même la sagesse populaire selon laquelle l'argent ne fait pas le bonheur, ne semble pas avoir vraiment influencé le point de vue de la société en général. Le sentiment selon lequel plus on a d'argent, plus on est heureux, semble persister.

« Ceci me conduit à poser une autre question : comment feriez-vous pour amener quelqu'un qui ne s'intéresse qu'à l'argent à réaliser que l'argent ne signifie pas le bonheur, à apprécier les valeurs intérieures dont vous dites qu'elles sont la source du véritable bonheur ? »

Il me répondit très doucement, comme s'il se parlait à lui-même :

« C'est très difficile d'expliquer cela aux gens qui n'ont tout simplement aucune idée de l'importance des valeurs intérieures, qui ne sont même pas sensibles à cette idée.

— Mais que diriez-vous quand même à quelqu'un dont la motivation principale dans son travail serait l'enrichissement, alors même qu'il aurait déjà de quoi vivre ?

— Je pense que je commencerais par évoquer les résultats scientifiques dont vous parlez, car ils montrent qu'une grande richesse ne conduit pas automatiquement au bonheur. Bien sûr, chacun est juge de l'argent dont il a besoin, mais si la personne en question était très riche, je pourrais lui expliquer comment le partage rend heureux – plus d'amis, meilleure réputation, et même moins de regrets à l'heure de la mort, lorsqu'on peut se dire : "J'ai au moins utilisé mon argent pour aider les autres."

Le dalaï-lama réfléchit encore un moment.

« Je pourrais aussi suggérer à la personne de s'arrêter un instant et de réfléchir au processus de création de la richesse. Si elle pense que l'argent, c'est le bonheur, alors elle se trouve engagée dans ce cycle continu de création de richesses, même après être devenue riche. Elle continue à poursuivre cette chimère. Elle est encore plus impliquée. Elle en veut encore plus. Plus elle s'enrichira, plus les problèmes auxquels elle est vulnérable deviendront nombreux. C'est inévitable. Donc, elle n'atteindra pas le bonheur et la liberté qu'elle recherchait. Bien au contraire. Elle sera devenue esclave de l'argent, et même plus qu'avant, et si on n'a pas examiné les hypothèses sous-jacentes sur ce que l'argent peut véritablement vous donner, alors j'ai constaté que, quel que soit votre salaire, on continue à penser dans un coin de sa tête que l'on ne gagne pas assez, parce que plus on gagne de l'argent, plus le train de vie est luxueux et coûteux. Deux grandes manières permettent de résoudre ce problème. La première est de gagner plus d'argent, mais comme je viens de le dire, on peut douter de l'efficacité de cette méthode. La seconde est de réduire ses dépenses, de choisir d'avoir des désirs plus modestes. Il faut prendre le temps de se demander : "Que suis-je en train de faire ? Pourquoi fais-je cela ?" puis analyser si on a vraiment besoin de tout cet argent, si ces activités sont vraiment bénéfiques. Le simple fait de prendre le temps de réfléchir peut, à mon sens, avoir un impact.

« Je pense donc que le problème essentiel est de se demander : au fond, quelle est ma conception de l'existence ? Si votre hypothèse de départ est que le bonheur vient de l'extérieur, par la création de richesse, alors vous ne ferez que perpétuer le cycle. Si votre conception est que l'argent est certes important mais qu'il existe d'autres facteurs au moins sinon plus importants pour notre sentiment de bien-être, alors je pense que votre vie sera plus heureuse.

— Vous pensez que ce serait un argument convaincant, suffisant pour faire changer d'avis quelqu'un ?

— Ça, c'est difficile à dire ! répondit le dalaï-lama en riant. Même le Bouddha n'a pas réussi à convaincre tout le monde. »

Le moment était venu de faire notre pause habituelle, et pendant que nous buvions notre thé, un des collaborateurs du dalaï-lama est entré pour lui remettre un message. J'en ai profité pour réfléchir à ce qu'il venait de dire. Comme tant d'autres dans notre société de consommation, je prends rarement le temps de réfléchir à mes hypothèses sous-jacentes et à mes croyances à propos de l'argent et du bonheur qu'il est censé apporter. Je n'ai pas eu besoin de procéder à une analyse très approfondie pour percevoir la validité de son point de vue. De nombreux cas de personnes dont la poursuite interminable de la richesse ne faisait qu'ajouter de la complexité à leur existence me sont aussitôt venus à l'esprit, l'un d'entre eux étant particulièrement éloquent à mes yeux. Ce couple d'amis exerçaient des professions libérales, vivaient heureux et gagnaient très bien leur vie, jusqu'au jour où l'augmentation de leurs revenus leur a finalement permis de s'acheter la maison de leurs rêves sur une plage. Ils avaient hâte de pouvoir savourer leur *pina colada* en contemplant les couchers de soleil. Mais leur enthousiasme s'est un peu refroidi lorsqu'ils se sont trouvés pris dans de longues négociations, de la paperasserie à n'en plus finir pour obtenir les crédits dont ils avaient besoin. La transaction conclue, il y eut les travaux de rénovation, puis les inévitables disputes avec le maître d'œuvre en raison des dépassements de budget et de délais, puis la décoration intérieure, bien plus coûteuse qu'ils ne l'avaient imaginé. À ce moment, leur excitation avait considérablement baissé. Lorsqu'ils ont enfin pu profiter de leur havre de paix pendant quelques week-ends, mais après les premières pluies, ils ont découvert que les fondations de la maison étaient défectueuses, ce qui provoqua une grave inondation. Je les avais croisés quelque temps plus tôt et leur avais demandé s'ils étaient heureux dans leur nouvelle maison. « C'est une belle maison, et nous sommes ravis quand nous pouvons y aller. Malheureusement, cela arrive moins souvent que nous ne le souhaiterions, et le remboursement du prêt, les frais d'entretien pèsent lourdement sur nos finances, ce qui nous oblige à travailler davantage pour payer tout cela, et nous avons moins de temps pour en profiter. »

La pause prit fin, et le dalaï-lama poursuivit sa ligne de pensée :

« Donc, en dernière analyse, même s'il s'agit de quelqu'un qui gagne de l'argent pour le plaisir de gagner de l'argent, quelque part au fond de son esprit on trouve la croyance que cela va suffire à le rendre plus heureux. La motivation finale reste d'accroître son bonheur. Mais, si c'est le cas, en devenant l'esclave de son argent et de son avidité on détruit le but même que l'on s'est fixé. Au lieu d'accroître son bonheur, on aboutit à une souffrance perpétuelle – la souffrance des envies toujours inassouvies. En revanche, l'individu qui ne perd jamais de vue le but de ce qu'il gagne et qui sait garder un rapport sain avec l'argent sera peut-être moins riche mais jouira d'un plus grand sentiment de bien-être. Donc, ironiquement, une telle personne sera peut-être plus pauvre en termes de richesse matérielle réelle, mais en fait plus riche car elle retirera de l'argent et de la fortune leur véritable valeur. »

Je ne pouvais m'empêcher de comparer mentalement le style de vie luxueux, avec belles voitures et élégantes résidences d'été, de certaines de mes connaissances, et la vie frugale des moines et des nonnes bouddhistes à Dharamsala. À ce sujet, je demandai : « Vous évoquez souvent le concept bouddhiste de la bonne vie, et j'imagine que nous allons y revenir. Existe-t-il aussi une vision bouddhiste de l'argent ?

— La notion bouddhiste de la bonne vie ne comporte aucun jugement moral sur une vie de confort ou de luxe, ni sur l'argent que l'on gagne. Bien sûr, si l'on parle d'un moine ou d'une nonne, il existe certaines restrictions qui découlent des vœux monastiques interdisant à l'individu de mener une vie de confort ou de luxe. Par exemple, un moine n'a pas le droit de posséder deux robes. Il existe donc certaines contraintes, mais si l'individu n'est pas un moine, si quelqu'un a eu beaucoup de chance et jouit d'une grande richesse matérielle, dans la conception bouddhiste cela est le fruit de son karma. La “bonne vie” ce n'est pas la simplicité opposée au luxe.

« Parmi les disciples du Bouddha, il y avait des membres de l'aristocratie de divers royaumes. Le point de vue bouddhiste sur la richesse renvoie davantage à l'état mental de l'individu qui dispose de cette richesse. On insiste beaucoup sur le fait qu'il faut entraîner son esprit pour ne pas succomber à l'avidité ou à l'avarice, pour transcender tout sentiment de possession. Quant à la richesse elle-même, certains textes disent explicitement que pour un bodhisattva[1], la possession d'une simple pièce de monnaie serait un péché, quelque chose de contraire à l'éthique, dans la mesure où ce serait le signe d'un attachement. Mais si le bodhisattva est libre d'y être attaché ou non, alors même la possession d'une grande richesse matérielle n'est pas forcément incompatible avec l'idéal. Cela semble indiquer que c'est l'état d'esprit et les moyens par lesquels on crée sa richesse qui sont plus importants.

---

1. Un bodhisattva est une personne qui s'est engagée à devenir éveillée de façon à pouvoir mieux aider tous les êtres.

« Lorsqu'on considère les textes bouddhistes, les aspects de l'existence humaine comme la richesse matérielle et ainsi de suite ne sont pas laissés de côté. Sur cette question, on trouve dans un des textes de Nagarjuna une discussion sur les quatre quêtes humaines légitimes, les deux buts et les deux moyens de les atteindre. Le premier but est l'accomplissement matériel et le moyen d'y parvenir est la création de la richesse, ce qui aujourd'hui inclurait l'accumulation de tout-puissants dollars américains. Le second but est la libération, et le moyen de l'atteindre est la pratique spirituelle. Tel est donc le point de vue bouddhiste. »

La position du dalaï-lama était claire. Ce n'est pas la quantité d'argent qui compte, mais l'attitude à son égard. Comme toujours dès qu'il s'agit de bonheur, nos ressources intérieures jouent un rôle bien plus important que nos ressources matérielles, sauf bien évidemment lorsque l'on vit dans la misère la plus abjecte.

Nous avions parlé des « esclaves de l'argent », ceux pour qui il est la principale motivation, et ils sont nombreux. Mais certains indices laissent entrevoir un changement. Dans un ouvrage récent, Martin Seligmann, l'une des principales figures de l'étude du bonheur humain et de la nouvelle « psychologie positive », écrit : « Notre économie est en train de passer du statut d'une économie d'argent à une économie de la satisfaction. » Selon lui, pour de nombreuses personnes, la satisfaction personnelle est en train de prendre rapidement le pas sur les récompenses financières en tant que facteur déterminant dans le choix d'un travail. Par exemple, alors que le droit est aujourd'hui la profession la plus lucrative aux États-Unis, l'argent ne suffit plus à attirer les gens vers ce secteur. En fait, les grands cabinets new-yorkais dépensent aujourd'hui plus d'argent pour conserver leurs collaborateurs que pour en recruter de nouveaux, tant sont nombreux les avocats qui délaissent le droit pour d'autres métiers, moins bien payés mais plus satisfaisants.

J'ai récemment été le témoin d'un exemple surprenant de ce changement d'attitude. Il y a quelques mois, j'étais à la recherche d'un nouvel assistant, et j'ai passé une petite annonce dans le quotidien local. J'ai été surpris de recevoir cent soixante-cinq réponses en deux jours. Bon nombre des candidats étaient très qualifiés et avaient préalablement occupé des postes de responsabilité, bien rémunérés, et d'autres avaient tout simplement de nombreuses années d'expérience. L'emploi que je proposais n'était pas très bien payé, et je me suis demandé si cet afflux de candidatures n'était pas le reflet de la crise. J'ai interrogé certains candidats sur leurs motivations. À voir leurs CV, j'étais certain qu'ils pourraient obtenir des emplois mieux payés. J'ai été étonné par leurs réponses, dont l'une d'entre elles est représentative de cette attitude : « L'argent n'est plus pour moi le plus important. Je suis plus intéressé par un travail qui permette une certaine souplesse, de la variété et du temps. Je ne veux pas rester assis derrière un bureau à faire la même chose jour après jour. Ce poste me laissera la possibilité de continuer à écrire et à peindre. En outre, j'aime aider les gens. Dans mon dernier emploi, je travaillais tout le temps, et je gagnais pas mal d'argent, mais j'avais le sentiment que mon boulot ne servait qu'à enrichir un P-DG que je ne connaissais même pas et un tas d'actionnaires anonymes. Je veux un job comme celui que vous proposez, je veux être le "bras droit" de quelqu'un, ce qui me permettra de voir le visage des gens que j'aide, de savoir en quoi je leur suis utile. »

Oui, les choses sont peut-être en train de changer. De plus en plus de gens semblent prendre des décisions de la même manière que me décrivait un de mes amis :

« Je suis sorti de l'université en 1986, en plein boom de Wall Street et de la folie yuppie. J'avais travaillé dans des galeries d'art et des centres artistiques. Il était clair que j'avais des affinités dans ce domaine. J'avais fait des études d'histoire de l'art et de musique. J'aimais l'art et le théâtre, qu'est-ce qui pouvait mieux me convenir ? Lors d'une discussion avec des amis, nous avons évoqué les différents emplois qu'on nous avait proposés. J'hésitais entre deux possibilités : un travail très mal payé, tout en bas de l'échelle d'un des plus prestigieux centres artistiques de New York, ou un poste de relations publiques pour une société de Wall Street, trois fois mieux payé, avec la perspective de doubler mon salaire grâce aux primes annuelles. J'ai demandé à mes camarades ce qu'ils en pensaient. Ils m'ont répondu en chœur : "Prends l'argent !" Mais je savais ce que ce type de job avait fait à mon frère : des semaines de cent heures, pas de vacances, pas de vie sociale, dormir au bureau, errer dans la vie comme un zombie. J'ai choisi l'autre boulot, et même si j'ai souvent dû faire mes fonds de poche pour trouver de quoi prendre le métro lorsqu'il faisait vraiment froid (je me rendais le plus souvent à pied au travail), j'ai choisi un métier que j'adore, et au bout du compte j'ai assez d'argent pour prendre le taxi quand j'en ai envie. Et j'ai même le temps de prendre des vacances ! »

4

Trouver son équilibre : ennui et défi

« Mon travail me rend fou, se plaignait un de mes amis consultant en marketing. J'en ai marre. En fait, j'envisage de démissionner. Je n'en peux plus.

— Oui, je comprends ce que tu veux dire, ai-je répondu, compatissant. La surcharge de travail peut être une grande source de stress.

— Mais non, c'est le contraire ! Je ne me suis jamais autant ennuyé de ma vie ; tous les jours c'est pareil. J'ai fini ce que je dois faire vers quatorze heures et je passe le reste de la journée à faire semblant d'être occupé, pendant que j'essaie de faire tenir en équilibre mon stylo au bout de mon doigt, que je fais de sculptures avec des trombones ou que, les très mauvais jours, je fixe les trous au plafond. »

L'ennui et l'absence de défi sont connus depuis longtemps comme sources d'insatisfaction dans le travail, comme le montrent de nombreuses études comme celles des sociologues Sheila Henderson et Karen Loscocco. En fait, les experts dans le domaine de l'environnement professionnel et la satisfaction des employés désignent ce problème sous le terme « adaptation personne-environnement ». Pour que la satisfaction et la performance soient optimales, les employés doivent naviguer entre deux écueils : trop de défi d'un côté et pas assez de l'autre. Si le défi est trop important, les employés sont stressés, tendus, et la performance se détériore. S'il n'est pas suffisant, les employés s'ennuient, ce qui fait chuter la satisfaction et nuit à la performance.

Étant donné ce rôle prédominant du défi et de l'ennui dans le bonheur au travail, j'ai abordé le problème avec le dalaï-lama et lui ai expliqué : « Vous savez, à en croire ce que disent mes amis et aussi les articles scientifiques, il semblerait que l'ennui est un facteur assez courant d'insatisfaction dans son travail.

— Je pense que pour des êtres humains qui ont des activités répétitives, il est normal qu'une forme de fatigue s'installe à partir d'un certain moment, une forme de déplaisir, ou de mauvaise volonté, ou de manque d'enthousiasme.

— Cela vous arrive ? »

Le dalaï-lama rit :

« Oui, bien sûr ! Par exemple, il y a peu j'ai fait une retraite de deux semaines, une retraite intense sur Avalokitesvara[1]. J'ai dû réciter le mantra de six syllabes un très grand nombre de fois et, à la fin de la retraite, j'ai dû accomplir certains rituels qui durent trois jours. Ce sont des rituels très longs et très compliqués, et à l'issue du troisième jour, je n'arrêtais pas de me dire : “Je n'aurai pas à recommencer demain !” J'avais vrai-

1. Avalokitesvara est le Bouddha de la Compassion, la divinité patronnesse du Tibet. Les dalaïs-lamas sont considérés être des émanations vivantes d'Avalokitesvara. Le dalaï-lama actuel est le quatorzième d'une lignée qui remonte à six cents ans. La retraite inclut souvent un million de récitations du mantra de la divinité, dans le cas présent, *Om Mani Padme Hum.*

ment hâte que cela soit fini. C'est un sentiment très naturel pour les êtres humains.

— Et vous, personnellement, comment faites-vous face à cela ?

— Dans mon cas, mon attitude générale envers la vie et le travail et mon état d'esprit fondamental sont d'un grand secours. Par exemple, chaque matin je médite profondément un verset du grand maître bouddhiste du VIIe siècle Shantideva. Cela commence par : "Aussi longtemps que durera l'espace..." Vous connaissez ce verset ?

— Oui », acquiesçais-je.

Il poursuivit sa récitation :

— "... Aussi longtemps que durera l'espace, aussi longtemps que dureront les êtres pensants, que moi aussi je puisse durer et dissiper les misères du monde."

« Ce verset est pour moi une formidable source d'inspiration. Je médite aussi sur d'autres versets, comme les hymnes à Green Tara du premier dalaï-lama Gendun Drup, qui sont pour moi source d'une grande inspiration et renforcent mon dévouement à l'idéal de l'altruisme.

« Je récite ces versets, j'y réfléchis et je formule l'aspiration que je consacrerai le plus possible ma journée au service et au bénéfice des autres. Puis je projette délibérément la pensée que je serai capable de passer ma vie entière à la réalisation de cet idéal. Le fait de penser à l'immensité du temps, à laquelle se réfère la prière de Shantideva – "aussi longtemps que durera l'espace..." – cela est vraiment d'une très grande puissance. Cette idée de l'immensité du temps et ce type de dévouement à long terme font une énorme différence.

« De temps à autre lorsque vous vous trouvez confronté à des situations dans lesquelles vous pourriez manifester une certaine réticence, où vous pourriez penser : “Oh, il faut que je fasse ceci, quel ennui”, par exemple aujourd'hui je devais assister aux travaux du Parlement tibétain en exil, et au début j'ai eu ce type de sentiment, mais immédiatement je me suis rappelé à moi-même que cela aussi fait partie de mon service, que cela aussi fait partie de mon travail au bénéfice des êtres intelligents. Au moment même où je fais ce lien, immédiatement, ce manque d'intérêt disparaît.

« C'est donc comme cela que je m'y prends pour faire face à ces situations, mais cela ne vaut sans doute pas pour tout le monde ».

Il est certain que l'approche du dalaï-lama pour faire face à l'ennui ne s'applique probablement pas à tout le monde – après tout, combien d'entre nous sont moine tibétain ou chef du peuple tibétain ? Mais il me semble tout aussi certain que ce principe sous-jacent peut s'appliquer à nous tous – renouveler son enthousiasme et réveiller notre dévouement en méditant sur le sens plus large de notre travail.

J'allais développer mes idées dans ce sens lorsqu'une autre pensée s'est présentée à moi. Sa référence en passant à ses obligations politiques m'a rappelé la force de son engagement dans le monde. J'ai pensé à ses nombreuses responsabilités, à ses exigeantes obligations et à la masse de son travail. Cela m'a conduit à me demander comment il pouvait dire qu'il n'avait pas de travail – ses mots, « je ne fais rien », résonnaient encore dans mon esprit. Puisqu'il avait mentionné certaines de ses occupations, j'espérais que cela pourrait être une occasion de satisfaire ma curiosité quant à la perception qu'il a de son travail, et de découvrir comment il reste heureux en dépit du lourd fardeau de ses responsabilités.

Il avait effleuré la manière dont il faisait face à l'ennui. Pour nombre d'entre nous, l'ennui naît lorsque nous effectuons une tâche répétitive et ne nous sentons pas stimulés. J'ai décidé de modifier légèrement mon approche et d'aborder le sujet différemment. Il avait certainement dû connaître sa part de tâches difficiles et intimidantes. Il m'avait averti que ses expériences de moine et de dirigeant politique ne s'appliquaient sans doute pas à tout le monde, mais je savais qu'il avait d'autres activités. J'ai décidé de m'intéresser à l'une des plus conventionnelles, son rôle de maître/enseignant, et de m'en servir pour introduire le sujet du défi dans le travail.

« On m'a dit que vous venez de revenir du sud de l'Inde, et selon la rumeur vous y avez délivré un enseignement très difficile, très compliqué. »

Il rit :

« Oui, c'est vrai ! En fait, j'ai dû travailler longtemps à la préparation de ces conférences. Il y avait là environ neuf mille moines, et bon nombre d'entre eux les étudient, et donc dans leur esprit ces sujets sont tout frais. Pour moi, ce n'est plus le cas.

— Vous avez donc dû faire une importante préparation ? Le travail était difficile ?

— Oui. Depuis que j'avais donné mon accord pour cet enseignement, près d'un an plus tôt, cela m'inquiétait un peu. Donc, une quinzaine de jours avant la date, j'ai commencé à lire sérieusement en prenant des notes trois heures chaque matin. Les conférences devaient durer cinq heures par jour pendant cinq jours. Le premier jour j'étais encore un peu anxieux, mais dès que j'ai commencé, je me suis tout de suite senti un peu mieux. Je me suis dit : "Ça se passe bien !" Et de jour en jour tout se passa mieux.

— Je me demande si tout ce difficile travail vous a procuré un sentiment de satisfaction ?

— Oui, en fait, le dernier jour j'ai ressenti une immense satisfaction, un immense soulagement. J'avais fini. Il me semble que plus le travail est difficile, plus le sentiment de satisfaction est grand. Et la baisse de l'anxiété lorsque l'enseignement a commencé produisit un sentiment de satisfaction. Donc, de manière générale, je pense que si vous faites face à ce type de difficulté dès le début, il est évident que par la suite vous connaîtrez un type particulier de satisfaction : vous connaîtrez le bonheur. La difficulté porte en germe la satisfaction, c'est son fondement.

— Vous avez donc connu des moments difficiles et cela a contribué à un sentiment de satisfaction. Avez-vous l'impression que le travail doit représenter un défi pour être gratifiant ? Est-ce une exigence absolue pour connaître la satisfaction dans son travail ?

— Il vaudrait sans doute mieux se passer du défi, me répondit-il.

— Pardon ? »

Je n'étais pas sûr d'avoir bien compris. Il venait de parler du sentiment de satisfaction que procure la réalisation d'un travail difficile.

« Mais vous venez de dire...

— La vie présentera toujours des défis, m'expliqua-t-il. Nous ne pouvons pas ne pas les rencontrer. Nous n'avons pas besoin de problèmes supplémentaires. Ce dont nous avons besoin, c'est de transformer les défis en des opportunités.

— Quel type d'opportunité ?

— L'opportunité de créer davantage de bonheur, m'expliqua-t-il. Donc, quand ces défis se présentent, vous devriez les accepter, les saisir et y voir un moyen de vous développer, de prospérer et d'atteindre un sentiment plus profond de bien-être et de bonheur. Les défis peuvent avoir ce but positif, ce bénéfice.

« Pour qu'il y ait progrès, pour qu'il y ait développement, qu'il s'agisse de travail intellectuel ou physique, je pense que les défis sont tout à fait nécessaires. Par exemple, dans les études bouddhistes, le débat est un outil très important; pour progresser nous devons consacrer de nombreuses heures à la présentation de notre point de vue, à sa contestation et à la réponse à ces défis. En faisant face à une opposition, une compréhension plus profonde de notre propre point de vue émerge. Si vous vous contentez de penser à ce que vous pensez, si vous n'êtes pas disposé à vous ouvrir à des points de vue différents, il n'y a pas de place pour le progrès ou le développement. En relevant les défis, vous aiguisez votre esprit. Sans cela, l'esprit se ramollit. N'est-ce pas ? »

J'acquiesçai. Sur ce point, l'Orient et l'Occident tombent d'accord : des deux côtés, on reconnaît l'importance d'un défi. En fait, déjà en 1776, le philosophe et économiste Adam Smith, l'une des principales figures du développement du capitalisme occidental, faisait écho au dalaï-lama. Dans son livre extrêmement influent *De la richesse des nations*, il écrivait qu'une personne qui passe sa vie à effectuer les mêmes tâches tend à perdre l'« habitude de l'effort » et « devient en général aussi stupide et ignorante qu'une créature humaine peut le devenir ».

Peut-être M. Smith était-il un peu plus radical dans ses propos que le dalaï-lama, mais celui-ci ne tarda pas à clarifier son opinion sur la question du défi en poursuivant :

« Donc, qu'il s'agisse d'activité mentale ou d'activité physique, le défi peut stimuler ou promouvoir le développement et la créativité. Dans des circonstances difficiles, votre nature créative est entièrement engagée, entièrement mobilisée. Alors que, si vous vous trouvez dans une situation où tout n'est que routine, où il n'y a aucun défi, il existe un danger de stagnation, ce qui implique une absence totale de développement.

« Bien sûr, ajouta-t-il en riant, si c'est votre vie qui est menacée, il vaut toujours mieux partir en courant ! C'est un type de défi qu'il vaut mieux éviter que rechercher. Par exemple, si vous êtes poursuivi par un chien enragé, le fait de faire face à ce chien ne risque pas de vous conduire à de la joie et de la satisfaction – il vaut mieux vous enfuir. Et, bien sûr, un moustique ou une punaise appellent des mesures drastiques. C'est le seul moyen ! »

Son rire retentit, et il ajouta :

« Je devrais préciser bien sûr que lorsque nous parlons des bénéfices ou des défis que l'on rencontre dans son travail, cela implique que la possibilité existe que l'on puisse les surmonter.

— Eh bien disons que vous avez un travail où vous n'êtes jamais confronté au moindre obstacle, à la moindre difficulté, un travail très ennuyeux qui ne fait appel ni à vos compétences, ni à vos talents, ni à votre intelligence. Il n'y a donc pas de défi. Les êtres humains ont tendance à être davantage insatisfaits, plus mécontents de leur travail dans ce type de situation. Ils seront plus malheureux dans leur boulot, sans cet élément de défi. Pensez-vous que cela soit une bonne ou une mauvaise idée d'inventer des difficultés pour rendre le travail plus satisfaisant ?

— Je ne sais pas, répondit-il en riant. Si une personne travaille chaque jour sur une chaîne de montage, je ne vois pas comment vous pourrez introduire un élément de difficulté dans ce travail, à moins de casser quelque chose ou de casser la machine !

« Mais de toute façon, Howard, je pense que vous devez admettre que chez les humains on trouve toute sorte de dispositions et de tempéraments. Certaines personnes, en particulier les personnes plus intelligentes, préfèrent les défis intellectuels et la résolution de problèmes, mais ils peuvent ne pas aimer le travail qui implique un effort physique. D'autres préféreront un travail plus exigeant. Par exemple, je connais un tibétain, un moine défroqué, qui aime le travail manuel routinier, qui ne demande pas beaucoup de réflexion. Et donc, pendant le travail, il aime penser au dharma[1]. Le travail lui laisse l'esprit libre, ce qui lui permet de penser à d'autres choses.

« En disant que ce moine préfère un travail sans trop de défis, il ne faut pas oublier que les défis surgissent

1. Le terme « dharma » a de nombreux sens mais pas d'équivalent précis en français. Le plus souvent il désigne les enseignements du Bouddha, tant les écritures que le mode de vie et les réalisations spirituelles qui résultent de l'application de l'enseignement. Les bouddhistes utilisent parfois le terme dans un sens plus général pour signifier la pratique spirituelle ou religieuse en général, la loi spirituelle universelle ou la nature véritable des phénomènes, et utilisent le terme buddhadarma pour désigner plus spécifiquement les principes et les pratiques de la voie bouddhiste. Le mot sanscrit dharma dérive d'une racine étymologique voulant dire « tenir », et dans ce contexte le mot a une signification plus large voulant dire tout comportement ou compréhension qui sert à « se tenir en retrait » ou à se protéger de l'expérience de la souffrance et de ses causes.

dans toute sorte de domaines de notre existence. Par exemple, pour quelqu'un qui a une pratique spirituelle ou qui cherche à cultiver la compassion universelle, répondre à ses ennemis avec empathie est une forme de défi. Agir avec gentillesse, et même montrer de l'affection envers ses ennemis, voilà un grand défi. Mais si on y parvient alors on connaîtra un immense sentiment de satisfaction et de bonheur. Donc, pour ceux qui cherchent à pratiquer la compassion, à répondre aux souffrances des pauvres, des faibles, des sans-défense, voici des défis. Le défi, ce n'est pas nécessairement quelque chose d'obstructif ou de négatif. Et une tâche n'est pas un défi pour une personne si le problème ne signifie rien pour lui. Ainsi la souffrance des pauvres ne sera pas un défi pour celui qui s'en moque. Mais pour un pratiquant de la compassion, ça l'est certainement. Donc, je pense qu'il y aura toujours des différences individuelles dans ce que quelqu'un considérera ou non comme un défi, tout comme dans le niveau de défi que l'on préfère.

« Donc, lorsque vous parlez de travail, je pense qu'il est important de garder présent à l'esprit qu'il existera toujours des gens différents. Je ne pense pas que l'on puisse dire de manière catégorique que les défis dans le travail sont mieux ou non. Je ne sais pas. Je pense que cela dépend de la personne. »

Il marqua une pause et commença à rire doucement.

« Pour ma part, je pense que c'est mieux sans défi, parce que comme cela on peut s'allonger et se reposer. Faire une petite sieste.

— Sérieusement, vous pensez vraiment que l'absence de tout défi dans son travail vous permet quand même de vous réaliser et de vous sentir satisfait dans ce travail ?

— Je ne pense pas que le défi soit une condition indispensable pour la satisfaction et la réalisation de soi. Par exemple, l'expression naturelle de la chaleur et de l'affection envers les autres ne demande pas d'efforts. Il n'y a pas vraiment de défi, mails cela vous donne beaucoup de satisfaction.

— C'est vrai. »

Résumant les dernières découvertes des sociologues, le professeur Edwin Locke de l'université du Maryland a dit : « Les études montrent de manière répétée que le défi intellectuel – pour peu que l'on soit disposé à le relever – est un déterminant essentiel de la satisfaction professionnelle. » En dépit de ce rapport clairement établi entre l'existence de défis et la satisfaction dans son travail, Locke a raison de souligner que la capacité à le relever est aussi un facteur essentiel. C'est ici que la variabilité individuelle intervient – comme le souligne à juste titre le dalaï-lama, il peut exister des différences dans le niveau de défi dont on a besoin, ou que l'on est prêt à relever. Certains peuvent avoir besoin d'un haut niveau de difficulté, d'autres peut-être moins. Donc, lorsqu'il s'agit d'optimiser notre bonheur dans notre travail, c'est à chacun de nous de décider quel niveau de défi nous convient le mieux en termes de développement et de satisfaction.

Comme le souligne le dalaï-lama, le fait d'entretenir des rapports d'amour et d'affection avec les autres est une riche source de satisfaction qui ne semble pas demander d'efforts. La vie nous offre de nombreux autres moments de joie qui peuvent surgir spontanément et ne semblent pas non plus demander d'efforts. Et notre vie professionnelle n'est pas entièrement dépourvue de tels moments.

Jadis, l'un de mes professeurs de chimie m'a fait part d'une expérience qu'il a connue dans son laboratoire : « J'étais au milieu d'une série d'expériences difficiles mais passionnantes pour mon programme de recherches. Après avoir fait une pause-café vers dix heures trente, j'ai posé ma tasse et repris mon travail. Cinq ou dix minutes plus tard certains de mes étudiants sont entrés dans le laboratoire et ont commencé à me poser des questions. J'étais en plein milieu d'une série de mesures, et je n'avais pas vraiment envie de m'interrompre, j'étais un peu agacé de leur irruption, je n'avais en fait rendez-vous avec eux qu'à quinze heures. Alors j'ai laissé de côté ce que j'étais en train de faire et regardé la pendule. Il était près de seize heures ! J'avais travaillé plus de cinq heures et c'était comme si le temps ne s'était pas écoulé, et j'avais fait cela sans effort. Non seulement je n'étais pas fatigué, mais j'étais plein d'énergie. Je ne me souvenais pas de ce que j'avais fait pendant ce temps, et pourtant en relisant mes notes j'ai vu que j'avais grandement progressé sur un problème très difficile. J'avais été totalement absorbé par ce que je faisais. Je ne pouvais pas le croire. Ce soir-là, j'ai eu un incroyable sentiment de satisfaction et ressenti une énergie qui m'a semblé durer au moins pendant deux jours. »

Le professeur avait alors parfaitement décrit l'état de « fluidité » dans le travail. Ce concept a été inventé par le psychologue Mihaly Csikszentmihalyi (prononcer : « tchik-sainte-mi-haï ») qui depuis près de trente ans étudie et raffine ce concept. Le terme « fluidité » décrit un état mental que la plupart d'entre nous avons connu à un moment ou un autre. Être en état de fluidité c'est être totalement absorbé par ce que l'on est en train de faire. On peut être dans cet état en jouant au basket, en sculptant, en résolvant un problème de maths très difficile, dans une négociation d'affaires, en faisant de l'escalade, ou simplement en ayant une conversation profonde avec une ami ou un amant. L'état de flux peut se produire pendant toute activité humaine, qu'il s'agisse de travail ou de loisir, que ce soit une activité physique, mentale ou sociale.

Les chercheurs ont montré que les caractéristiques de cet état sont assez uniformes : on retrouve les mêmes caractéristiques dans toutes les activités. Il existe un ensemble particulier de conditions requises pour créer cet état. Le flux survient lorsque nous sommes engagés dans une activité dont nous pensons qu'elle est importante, qu'elle a un sens pour nous, et qu'elle mérite d'être réalisée. Le flux risque davantage de se produire lorsque l'activité a des buts bien définis, et que nous avons un feed-back immédiat sur son état d'avancement à mesure que l'activité se déroule. La tâche doit présenter un certain défi et exiger des compétences, mais il doit exister un équilibre juste entre le défi et nos capacités – les gens en état de flux ont l'impression que toutes leurs capacités sont mobilisées pour la tâche. Et même si le projet peut être difficile et exiger des compétences, au moment précis de l'état de flux il a l'air de se réaliser sans efforts. Nous sommes engagés dans l'activité pour l'activité en soi, et pas pour des récompenses externes que nous pourrions recevoir. L'activité est intrinsèquement satisfaisante, en soi et par elle-même.

« Vous savez, l'une des raisons pour lesquelles j'ai abordé la question du défi dans le travail, ai-je dit au dalaï-lama, c'est parce qu'il est lié à un concept qui apparaît souvent ces jours-ci dans la littérature psychologique, le concept de "flux". Le sentiment d'un défi est un des facteurs requis pour créer cet état de flux. Ce concept est de plus en plus cité dans des articles sur le bonheur, et cet état peut survenir souvent dans le travail. Connaissez-vous l'existence du concept de flux ?

— Non, pouvez-vous m'expliquer ce que vous entendez par ce terme ?

— Pour résumer, ce concept renvoie à un état d'esprit particulier qui se produit lorsque notre attention est entièrement concentrée sur une tâche particulière ou un projet dans lequel nous sommes engagés. C'est un état de concentration intense et d'implication profonde dans l'activité. Lorsqu'on est en flux, on perd la notion du temps, c'est comme si le temps s'arrêtait et que la personne était entièrement immergée dans le moment présent, sans penser au passé ni au futur. La personne est plongée si profondément dans son activité qu'elle perd le sens de soi, de son identité, la notion du "moi" disparaît, il n'y a pas de pensées à propos de "moi", comme "je suis en train de faire ceci" ou "je ressens cela".

« Lorsqu'on est engagé dans l'activité en question, on a aussi le sentiment que cela ne demande pas d'efforts, que l'on maîtrise entièrement ce que l'on fait. Par exemple, prenons le cas d'un joueur de tennis professionnel. Il s'est entraîné depuis des années pour perfectionner sa technique, et aujourd'hui il se trouve engagé dans un match avec un opposant difficile. Il se trouve dans un état ou toutes ses capacités et toutes ses connaissances font face au défi représenté par son adversaire et atteignent un genre d'équilibre. Ses gestes et son haut niveau de concentration contribuent à créer l'état de flux.

« Bien que le flux puisse se produire dans toute activité, certains chercheurs ont trouvé que les Américains le ressentent davantage dans le cadre de leur travail que pendant leurs loisirs, parce que c'est là qu'ils sont plus susceptibles de devoir faire face à des défis ou avoir des occasions de résoudre des problèmes, en faisant usage de leurs capacités, et c'est un environnement qui encourage la concentration sur ce que l'on est en train de faire.

« Par exemple, si vous faites une conférence devant un large public et si c'est un sujet difficile, malgré votre préparation, et le développement de certaines capacités, de certaines compétences et d'un certain savoir, vous ne vous dites pas "je suis le dalaï-lama", vous perdez toute notion du temps et de votre identité. »

Le dalaï-lama m'écoutait attentivement :

« Le type de concentration mentale dont vous parlez, une fusion totale avec votre activité immédiate, me paraît ressembler à ce que dans la psychologie bouddhiste nous appelons la stabilité méditative. Je pense que nous sommes tous potentiellement susceptibles de développer une capacité de concentrer notre attention sur un sujet ou une activité pendant une période prolongée. L'une des caractéristiques de cette grande concentration est une absorption totale dans l'activité choisie. Dans certains cas, même des perturbations dans l'environnement immédiat ne suffisent pas détruire la profondeur de la concentration. J'ai connu des personnes qui avaient atteint de tels états. Par exemple, Gen Nyima-la, un de mes premiers maîtres, avait une capacité de concentration incroyable. Souvent, lorsqu'il entrait dans un état profond de contemplation, je pouvais voir son visage se transformer sous mes yeux. Dans cet état, il devenait pour ainsi dire insensible à son environnement physique immédiat. Si un étudiant entrait pour lui verser une tasse de thé ou lui donner quelque chose, il ne s'en rendait tout simplement pas compte. Il existait une sorte de fusion totale entre son esprit et sa contemplation. Donc, pour moi, cela ressemble beaucoup à ce "flux" que vous décrivez.

— Oui, cela lui ressemble. Quand quelqu'un est en état de flux, il arrive à un stade où il est totalement absorbé par le travail, et parce que c'est ce travail. Il est si concentré sur le travail qu'il ne le fait pas pour de l'argent, pour sa carrière, pas même pour la société. Il est simplement si impliqué et concentré sur le travail que celui-ci devient une source de satisfaction. Ma question est donc : avez-vous une idée sur la manière dont on peut créer cet état dans son travail ?

— Tout d'abord, je pense que lorsqu'une personne se trouve dans cet état d'esprit fixé sur une seule chose, elle ne peut pas éprouver de la satisfaction à ce moment précis parce que la satisfaction est un état mental très différent de l'état d'intense concentration que vous décrivez.

— Vous avez tout à fait raison. En fait, les recherches ont montré précisément cela ; lorsque quelqu'un se trouve en état de flux, on ne le voit pas sourire et se dire qu'il est vraiment content, ni qu'il est vraiment en train de s'amuser. Le sentiment de satisfaction vient plus tard. Mais ma question reste : de votre point de vue, existe-t-il des manières de créer les conditions pour être en état de flux dans son travail, quel que puisse être ce travail ? »

Le dalaï-lama fit une pause pendant un moment, puis dit :

« La valeur d'un tel esprit concentré est reconnue par de nombreuses traditions spirituelles anciennes, dont certaines, comme le bouddhisme, offrent des méthodes pratiques pour développer et améliorer un esprit stable. Donc, je pense que la pratique de la méditation de stabilisation peut aider sans doute. »

Dans la méditation de stabilisation vous choisissez un objet quelconque et vous essayez de vous concentrer mentalement sur lui.

Le dalaï-lama poursuivit :

« Et bien sûr d'autres facteurs pourraient augmenter vos chances d'atteindre cet état. Par exemple, vous avez dit que l'état de flux se produit lorsqu'on effectue un travail difficile ou qu'on essaie de résoudre un problème, et que vos compétences et vos capacités sont utilisées pour relever ce défi. Il dépend donc de vos capacités et de votre connaissance de la tâche en question. Cela peut être une question d'étude assidue et de familiarisation à une certaine manière de penser ou d'effectuer une certaine tâche.

« Un autre facteur peut aussi être impliqué. Je pense qu'une personne aura plus de chances d'atteindre cet état de flux si l'on s'intéresse tout particulièrement au sujet ou au type de travail en question. Par exemple, dans le cas de Gen Nyima-la, il avait un intérêt particulier et une grande familiarité avec les sujets sur lesquels il se concentrait.

« Mais je pense aussi que l'état que vous décrivez, où l'on perd le sens du temps ou de son identité, peut se produire dans différents contextes et dans différentes conditions. Je ne pense pas que cela soit nécessairement associé avec des états mentaux heureux ou positifs. Cela peut accompagner aussi bien le bonheur que le malheur. Par exemple, sous l'emprise d'une peur qui vous paralyse, vous pouvez totalement perdre le sens du temps. Lorsque je donne des conférences sur un texte, si l'expérience est agréable, j'ai tendance à perdre la notion du temps. D'un autre côté, si je tombe sur des passages difficiles et que je me débats avec mon commentaire, alors c'est l'expérience inverse qui se produit : j'ai l'impression que le temps avance à la vitesse d'un escargot. Donc, ce phénomène de distorsion ou de perte du temps peut se produire lorsque votre esprit se trouve dans un état de détente et de joie, lorsqu'on est entièrement concentré et profondément engagé dans une analyse discursive, tout autant que lorsque l'esprit est sous l'emprise d'émotions plus négatives comme la peur. L'un des signes les plus évidents en est l'inconscience totale par rapport à ce qui se passe dans votre environnement physique immédiat. »

Il poursuivit :

« Donc, par exemple, il y aura peut-être des circonstances dans lesquelles vous aurez trop peur, mortellement peur, peut-être, et à ce moment vous serez totalement absorbé et sans aucune sensibilité, vous perdez tout sens de l'identité, du temps, du lieu, et ainsi de suite. Vous êtes dans le moment, mais c'est involontaire. Cela n'est pas dû à l'intérêt ou à l'engagement dans un problème ou un travail intéressant. C'est parce que vous avez peur, très peur, presque comme si vous étiez en état de choc. »

Il s'arrêta un instant, puis rit :

« J'étais en train de me dire... lorsque je me suis enfui de mon pays lors de l'invasion communiste, j'étais tellement effrayé que j'ai peut-être connu cet état de flux pendant un moment ! Mon esprit était totalement vide, je ne pensais à rien ! »

Il continua à rire.

« Je me souviens aussi d'un jour, lorsque j'avais sept ans. Je récitais une prière que j'avais apprise par cœur devant un grand rassemblement, je pense qu'il y avait là plusieurs milliers de moines, et aussi des membres du gouvernement, j'étais totalement... Je ne sais pas si c'est le bon mot : perdu. J'étais dans un état de non-pensée. J'avais vraiment bien mémorisé ma récitation, j'avais passé plusieurs mois à m'exercer tous les jours. Et lorsque j'ai commencé, cela a été très fluide, et à cause de mon entraînement, ce fut automatique. Mais mon esprit était totalement vide. Après deux ou trois minutes il y eut une interruption, et j'ai remarqué alors qu'il y avait des pigeons devant moi. J'ai vu le *umze*, le maître de chant. Et j'ai été cloué sur place par la peur. Lorsque j'y pense aujourd'hui, je me dis que l'effroi que j'ai ressenti a peut-être même abrégé ma vie.

— Je ne pense pas que ce type d'état provoqué par un état d'anxiété extrême soit la même chose que l'état de fluidité. Je ne suis pas un expert dans ce domaine, mais je suppose, par exemple, que si l'on faisait un scanner ou un électroencéphalogramme de votre cerveau pour voir quelles parties s'activent pendant votre récitation devant des milliers de moines, et que vous étiez aux prises avec une anxiété de performance extrême, puis dans d'autres circonstances où vous auriez été absorbé par un travail qui vous aurait placé dans cet état de fluidité dont je parle, on verrait deux régions différentes du cerveau activées. D'abord, quand vous êtes en état de fluidité, vous pouvez être très détendu, très calme...

— Vous aimez vraiment cette “fluidité”, Howard ! s'exclama le dalaï-lama avec un petit rire.

— Ce n'est pas que j'aie envie d'en abuser, mais on la retrouve un peu partout ces jours-ci, surtout lorsqu'on s'informe sur les dernières théories à propos du bonheur. Et une partie de cette littérature semble décrire cet état comme une expérience humaine particulièrement forte, qui encourage le développement et la réalisation de toutes ses potentialités.

— Le problème avec les théories, c'est qu'elles sont populaires pendant un moment, et tout le monde en parle, puis elles sont remplacées par d'autres. Mais je comprends la différence dans ce que vous décrivez. Donc, si je vous comprends bien, cette « fluidité » désigne un état dans lequel le temps s'écoule sans effort pour vous. Et aussi vous faites quelque chose volontairement. Et c'est une chose intéressante que vous auriez envie d'entreprendre et puis vous seriez totalement absorbé par elle :

— C'est exactement cela.

— Dans ce cas, comme je l'ai dit, il y a des choses, comme certaines méditations qui peuvent être utiles. Mais aussi agréable que cet état puisse être, je ne pense pas que ce soit la source la plus importante de satisfaction, de réalisation et de bonheur. »

J'ai repensé à la première fois que j'ai entendu mon professeur de chimie décrire cet état d'immersion totale dans son travail, cette perte totale de la notion du temps et de l'identité. Aujourd'hui encore, cela me plaisait plutôt bien, me suis-je dit.

« Pourquoi dites-vous cela ? lui ai-je demandé.

— Parce que, d'abord, vous ne pouvez pas vous trouver dans cet état tout le temps. Avec nos discussions et dans ce livre que nous sommes en train d'écrire, nous essayons de créer un autre type de “fluidité” ! Une fluidité qui puisse durer vingt-quatre heures sur vingt-quatre. C'est cela notre but : trouver quelque chose que l'on puisse essayer même lorsque nous traversons une passe difficile, des facteurs que nous puissions utiliser pour aider notre esprit à rester serein, heureux. Voilà ce que nous essayons de faire.

« Donc, même si avec cette “fluidité” vous obtenez une sorte de bonheur temporaire, ce ne sera pas durable. Ce dont nous avons besoin c'est une source durable de satisfaction, de bonheur. Par exemple, lorsque nous parlons des pratiques tantriques pour développer une grande jouissance, même ces états très élevés de joie et d'extase ne peuvent durer vingt-quatre heures sur vingt-quatre. Je pense donc que cet état de fluidité n'est ni fiable ni durable, et je pense qu'il est bien plus important de développer d'autres sources de satisfaction qui seront atteintes en entraînant son esprit, en modifiant son attitude et ses perspectives, en intégrant des valeurs humaines fondamentales dans le cadre de travail. Par exemple, se débarrasser de ses émotions destructrices au travail, réduire la colère, la jalousie, l'avidité, et ainsi de suite, s'exercer à entretenir avec les autres des rapports de gentillesse et de compassion, de tolérance est une source de satisfaction bien plus importante et stable que d'essayer simplement de créer autant de "fluidité" que possible. »

On a décrit la fluidité comme une expérience humaine optimale, et il est clair que si l'on recherche le bonheur au travail, on comprend aisément l'attrait d'un état dans lequel le travail lui-même devient intrinsèquement satisfaisant, associé à un sentiment profond de satisfaction et de gratification. Mais le dalaï-lama soulève une question incontournable : en tant que source primaire de bonheur et de satisfaction au travail, l'état de fluidité est-il fiable ?

Le soir, après notre conversation sur la fluidité, je réfléchissais à ce que le dalaï-lama avait dit lorsque je me suis soudain rappelé une partie de l'histoire de mon professeur que j'avais comme par hasard oubliée. Après qu'il a eu fini de me décrire son expérience, je lui avais demandé s'il avait jamais éprouvé ce sentiment auparavant. « Oh ! oui, m'avait-il répondu, la même chose m'est arrivée une demi-douzaine de fois au cours des deux dernières années. » De toute évidence, comme l'avait fait remarquer le dalaï-lama, l'état de fluidité laisse un peu à désirer en tant que principale source de bonheur et de satisfaction. Selon un sondage, un salarié sur cinq aux États-Unis reconnaît faire quotidiennement l'expérience de la fluidité à un degré plus ou moins élevé, la fluidité étant définie comme un état intense d'absorption dans son travail qui conduit à perdre la notion du temps. Mais plus d'un tiers des personnes interrogées disaient n'en avoir jamais ou rarement fait l'expérience. Ces chiffres ne se limitent pas aux travailleurs américains; une étude réalisée en Allemagne a donné à peu près les mêmes résultats. Les chercheurs ont utilisé différentes méthodes pour quantifier l'expérience de la fluidité dans la vie de tous les jours. Que ce soit en utilisant des entretiens après l'expérience, des questionnaires écrits, ou des mesures « en temps réel » avec une méthode dénommée ESM (méthode d'échantillonnage de l'expérience), il ne fait pas de doute que la fluidité se produit par intermittence, en règle générale durant de brèves périodes, et ce n'est pas un état que l'individu peut maintenir pendant toute sa journée de travail. Comme pour la plupart des caractéristiques humaines, il existe une importante variabilité individuelle, et certaines personnes font plus facilement l'expérience de la fluidité que d'autres.

Lorsque nous parlons du bonheur, que ce soit au travail ou dans nos loisirs, le dalaï-lama m'a rappelé un jour qu'il existe différents niveaux et catégories. Dans une de nos conversations incluse dans notre livre précédent, *L'art du bonheur*, il distinguait deux types de satisfaction chez l'homme : le plaisir et le bonheur. Le plaisir peut certainement fournir un bonheur temporaire et susciter des états émotionnels intenses. Il expliquait que le plaisir naît d'expériences sensorielles, mais puisqu'il dépend de conditions extérieures, il n'est pas fiable en tant que source de bonheur. Comme il l'avait fait remarquer : « Le véritable bonheur est plus en rapport avec l'esprit et le cœur. Le bonheur qui dépend principalement du plaisir physique est instable; un jour il est là, et le jour suivant il ne le sera peut-être plus. » Pour le dalaï-lama, le véritable bonheur est associé au sens et il faut cultiver délibérément certaines attitudes, et une certaine perspective pour qu'il surgisse. On peut l'atteindre par un entraînement systématique de l'esprit, qui repose sur l'éradication d'états mentaux destructeurs comme la haine, l'hostilité, la jalousie ou l'avarice, et en cultivant délibérément les états mentaux opposés de la gentillesse, la tolérance, le contentement et la compassion. Le véritable bonheur demande peut-être plus de temps pour être atteint, et requiert un certain effort, mais c'est un bonheur durable qui peut nous accompagner même dans les conditions de vie les plus difficiles.

Ceci nous ramène à la fluidité. En décrivant le type de satisfaction ou de bonheur associé à l'état de fluidité, la plupart des chercheurs font une distinction semblable entre le plaisir et le bonheur et placent la fluidité dans la seconde catégorie. Ils voient dans le plaisir la satisfaction de besoins biologiques, et ils distinguent la satisfaction produite par la fluidité en donnant un nom différent à ce type de bonheur et l'appellent « gratification », « accomplissement ». Pour ces savants, la valeur de la fluidité va bien au-delà de la satisfaction procurée par le fait de se trouver dans cet état pendant quelques minutes ou quelques heures. Selon Jeanne Nakamure et Mihaly Csikszentmihalyi, « l'expérience de la fluidité encourage la personne à revenir à l'activité en raison de ce qu'elle promet, et elle conduit donc au développement de compétences au fil du temps ». C'est donc une force qui nous fait progresser dans le sens du développement et la réalisation de notre potentiel humain.

Mais le dalaï-lama nous demande d'aller un peu plus loin. Tout en reconnaissant que l'état de fluidité a une certaine valeur, il estime que nous n'avons pas besoin de la fluidité pour aller dans le sens du développement : nous pouvons nous diriger directement vers la ligne d'arrivée pour atteindre le bonheur que nous recherchons. Il faut pour cela commencer par reconnaître l'importance des valeurs humaines fondamentales, dont il pense qu'elles sont la source du bonheur authentique, que ce soit au travail ou ailleurs. Des valeurs tels la gentillesse, la tolérance, la compassion, l'honnêteté, le pardon. Si nous sommes intimement convaincus de la valeur de ces qualités humaines, nous pouvons nous tourner vers la formation de nos esprits, de nos attitudes, de notre perspective.

J'ai repensé dans ce contexte à mon professeur de chimie, et j'ai vu qu'il n'était pas exactement l'image d'Épinal du travailleur heureux. C'était un savant brillant, un auteur prolifique et un chercheur de tout premier plan, mais il était aussi lunatique, impatient, exigeant et peu aimé de manière générale. Nombre de ses étudiants redoutaient de devoir travailler avec lui. Il préférait travailler seul dans son laboratoire, n'aimait pas vraiment enseigner, tâche qu'il déléguait souvent à ses assistants.

Dans le même département, il y avait un autre professeur auquel je pense aussi souvent. L'homme était moins remarquable que son collègue et ne jouissait pas de la même reconnaissance professionnelle. Il était toujours disposé à laisser tomber ce qu'il était en train de faire si un étudiant l'interrompait. Et le plus souvent la conversation passait de la science au base-ball ou au cinéma. Il ne faisait pas de doute que cet homme ne risquait pas de faire de grandes découvertes, et je pense qu'il n'avait pas dû connaître souvent l'état de fluidité.

Mais il avait un don pour l'enseignement. Il savait toucher ses étudiants et les inspirait à s'intéresser vraiment à la chimie, même si au départ ils étaient nombreux à trouver la matière à la fois difficile et ennuyeuse, une combinaison redoutable. Ses thésards l'adoraient, et il était en quelque sorte leur mentor, les inspirant et les influençant dans bien d'autres domaines que sa spécialité. Au cours d'une carrière de plus de quarante ans, j'imaginais qu'il avait dû influencer et inspirer d'innombrables étudiants par sa gentillesse, sa disponibilité et son intérêt authentique pour la carrière de ses étudiants, même si pour eux la chimie n'était qu'une matière obligatoire dans leur cursus. Je suis certain que je ne suis pas le seul à m'en souvenir avec tendresse après tant d'années. Et on voit bien lequel de ces deux professeurs était plus heureux, tant dans son travail qu'à la maison.

J'ai remarqué le serviteur du dalaï-lama et des membres de son entourage qui attendaient sur le porche, et je me suis aperçu en regardant ma montre que mes deux heures de temps étaient presque terminées. J'avais l'impression que nous venions à peine de commencer. En discutant de la fluidité, je m'étais visiblement retrouvé dans cet état. Le dalaï-lama semblait aussi pressé de finir. Il s'interrompit quelques instants, totalement absorbé dans ses pensées.

Il a finalement parlé, et a ajouté une nouvelle dimension à notre discussion.

« Je pense qu'en parlant de ces sujets il est important de garder à l'esprit les questions plus générales. Nous nous intéressons à la question du travail et à son rapport au bonheur, et bien sûr nous pouvons continuer à discuter de la manière dont on peut être heureux dans sa vie professionnelle. Mais il est tout à fait possible qu'une personne ait un travail tout à fait routinier, un travail qui puisse ne représenter aucun intérêt et aucune difficulté particulière, et qu'il soit pourtant tout à fait heureux. Le monde est rempli de personnes dans cette situation. Ces individus peuvent avoir d'autres sources de satisfaction et d'accomplissement, et ils ne trouvent pas dans leur travail la source principale de leur satisfaction.

« Prenons donc l'exemple d'un ouvrier qui a un travail très répétitif, très ennuyeux, et qui trime tous les jours, du matin au soir. Si la seule source de satisfaction de cette personne est son travail, s'il n'a pas de vie en dehors de lui, s'il passe peu de temps avec sa famille et ses amis, et s'il ne cultive même pas l'amitié, alors je pense qu'il y a là un grand potentiel de malheur, voire des problèmes mentaux. Mais si vous prenez un autre ouvrier qui fait exactement le même métier ennuyeux, mais qui a des intérêts à l'extérieur, qui passe du temps avec sa famille, qui sort avec ses amis, ce sera une personne bien plus heureuse. Son travail ne sera peut-être pas intéressant, mais sa vie peut quand même l'être. Dans ce cas, son travail peut simplement être un moyen de gagner sa vie, et il tirera sa satisfaction et son sentiment d'accomplissement d'autres domaines de l'existence.

« Une vie heureuse demande de la variété, il faut aussi qu'elle soit entière, complète. Il ne suffit pas de se concentrer sur le travail et l'argent. C'est important. »

Nous aurons beau aimer notre travail, il y aura toujours, tôt ou tard, des moments où nous le trouverons moins excitant, peut-être nous ennuiera-t-il un peu, peut-être serons-nous vaguement insatisfaits. Il ne nous fournira plus le même sentiment de satisfaction et d'accomplissement qu'avant. Cela peut être un tournant dans notre vie professionnelle. Beaucoup de gens interpréteront cette perte d'enthousiasme comme un signal, le signe que nous avons peut-être choisi la mauvaise carrière, le mauvais métier, et qu'il est temps de partir à la recherche d'un nouvel emploi qui suscitera en nous la joie et l'excitation que nous avons connues. Bien sûr, cela peut arriver, mais avant d'ouvrir la page des petites annonces, il peut être judicieux de faire une pause et d'évaluer sa situation. Comme le souligne le dalaï-lama, il est dans la nature humaine de connaître des moments d'ennui. C'est normal. Lorsque le dalaï-lama s'ennuie un peu, il ne se défroque pas pour autant. Ceci est le principe de l'adaptation au travail, une caractéristique innée des êtres humains, un trait bien étudié des hommes sur lequel les psychologues se sont longuement penchés. Donc, quoi que nous réserve la vie, en bien ou en mal, il existe une tendance à s'habituer à sa situation. Se référant à cette question dans une discussion ultérieure, le dalaï-lama faisait remarquer :

« Les gens ont tendance à s'habituer aux choses, et parfois ils perdent leur enthousiasme. Par exemple, la première année d'un emploi peut être très gaie, et l'on peut en tirer un grand sentiment d'accomplissement. Mais le même travail, la deuxième année, peut donner un sentiment totalement différent au même individu. »

Le principe d'adaptation suggère que quelles que soient notre réussite ou notre chance, ou, à l'inverse, quels que soient notre malchance ou notre malheur, nous finissons par nous adapter tôt ou tard aux nouvelles conditions et revenons progressivement à nos niveaux habituels de bonheur quotidien, au jour le jour. Dans une étude menée par des chercheurs de l'université de l'Illinois, on a établi que six mois après un malheur ou un événement heureux, les sujets étaient revenus à leur état habituel de bonheur et qu'on ne décelait plus aucune trace résiduelle de l'événement. On peut vous nommer P-DG et tripler votre salaire du jour au lendemain, ou vous pouvez à l'inverse connaître le pire des échecs professionnels, et un an plus tard vous serez grosso modo aussi heureux qu'avant.

Il existe une bonne raison à cela : d'un point de vue darwinien, les psychologues expliquent que cette caractéristique plonge ses racines dans notre passé biologique. Si quelqu'un était rendu heureux pour toujours, cela aurait pour effet de supprimer notre motivation à acquérir de nouvelles capacités, à nous développer davantage et à avancer. Cela détruirait toute initiative. À l'inverse, si les gens sombraient dans la dépression permanente après un échec ou une perte, s'il fallait des mois et des années et que cela vous fait toujours aussi mal, l'effet serait invalidant et réduirait vos chances de survie, et de transmission de vos gènes à la génération suivante.

C'est pour cela, comme nous le rappelle le dalaï-lama, que nous avons besoin d'une vie équilibrée. Aussi satisfaisant que soit notre travail, c'est une erreur de s'y accrocher en tant que source unique de satisfaction. Les humains ont besoin d'une alimentation variée pour être en bonne santé, pour obtenir tout un ensemble de vitamines et de minéraux, et nous avons besoin d'une variété d'activités qui nous procurent un sentiment de plaisir et de satisfaction. En reconnaissant que le principe d'adaptation est normal, nous pouvons anticiper et nous y préparer en cultivant intentionnellement toute une gamme d'activités qui nous rendent heureux. Certains experts suggèrent de commencer en faisant un inventaire, en prenant un week-end pour faire la liste des choses qui vous procurent du plaisir, de vos talents et de vos intérêts. Cela pourrait être le jardinage, la cuisine, un sport, l'apprentissage d'une langue, le bénévolat, toute activité permettant de développer et d'exercer des compétences. Donc, si nous traversons une passe d'ennui dans notre travail, nous pouvons nous tourner vers notre famille, nos amis, nos hobbies et d'autres intérêts en tant que sources principales de satisfaction. En changeant provisoirement ces centres d'intérêt, le balancier repartira dans l'autre sens et nous retournerons à notre travail avec un intérêt et un enthousiasme renouvelés.

5

Travail, carrière et vocation

Nous nous sommes revus le lendemain.

« Vous savez, lorsque nous discutions hier du rapport entre travail et bonheur vous avez dit qu'il faut parfois savoir prendre du recul pour voir le tableau d'ensemble. Jusqu'ici nous avons identifié certaines des sources les plus courantes d'insatisfaction dans le travail – l'ennui, l'absence d'autonomie, le sentiment de ne pas être bien payé, etc. Et vous avez aussi évoqué des sources de satisfaction, comme les rapports humains et même des sources potentielles comme le sentiment de défi, dont vous avez fait remarquer qu'il dépend des individus. Mais dans un sens plus large, je me demande ce qui à vos yeux est le plus important. Quel facteur à la plus grande influence sur notre bonheur dans le travail ? »

Le dalaï-lama demeura silencieux. Son expression de profonde concentration montrait qu'il considérait très attentivement la question. Il finit par répondre :

« Lorsque nous parlons du travail, notre but, l'élément le plus important, est un sentiment d'accomplissement tiré de son travail. N'est-ce pas ? Donc, lorsqu'on cherche à tirer un sentiment d'accomplissement de son travail, je pense que notre attitude envers notre travail est le plus important. Il s'interrompit à nouveau. Je pense que cela, la conscience de soi et la compréhension de soi sont les éléments clé.

« Mais bien sûr d'autres facteurs peuvent intervenir. Notre constitution émotionnelle, l'intensité d'émotions comme la jalousie, l'hostilité, l'avidité, entre autres, tout cela peut jouer un rôle important. Par exemple, si une personne obtient un emploi, éprouve un sentiment de contentement intérieur et n'est pas avide, alors pour cette personne ce travail pourra être très satisfaisant. Mais un autre individu pourrait avoir le même emploi et, parce qu'il est beaucoup plus ambitieux, estimer qu'il mérite un meilleur travail. Il sera jaloux de ses collègues. Dans ce cas, le même travail ne lui donnera pas un sentiment d'accomplissement. On voit bien que ce type de facteurs fait une différence. »

Les données scientifiques qui confortent l'affirmation du dalaï-lama selon laquelle notre attitude sous-jacente influe sur notre sentiment de satisfaction dans le travail sont légion. L'étude la plus intéressante est celle réalisée en 1997 par le Dr Amy Wrzesniewski, une psychologue spécialiste des organisations qui enseigne à l'université de New York. Avec ses collaborateurs, elle a montré que les employés se divisent généralement en trois catégories distinctes. Pour le premier groupe, leur travail est juste un job. Leur but principal est la récompense financière qui l'accompagne. La nature du travail est accessoire, et elle ne leur procure aucun plaisir particulier ni sentiment d'accomplissement. Puisque leur principal souci est leur salaire, si le salaire baisse ou si l'occasion d'un travail mieux payé se présente, ils en changeront. Le deuxième groupe considère leur travail comme une carrière. Chez eux, l'accent principal est mis sur l'avancement. Ces gens sont davantage motivés par le prestige, le statut social et le pouvoir qui accompagne les titres et les promotions, plutôt que par l'argent. Dans cette catégorie, l'investissement personnel peut être plus important, mais dès que l'avancement s'arrête, ils commencent à être insatisfaits. Leur intérêt professionnel peut s'évaporer, et ils pourront se mettre à chercher un autre travail. La dernière catégorie est celle des gens qui voient dans leur travail une vocation. Ces individus font leur travail pour le travail en soi. Il y a moins de séparation entre leur travail et les autres aspects de leur vie. Ils ont tendance à aimer leur travail et, s'ils le pouvaient, ils le feraient même sans être payés. Pour eux, leur emploi a un sens, sert un but supérieur, apporte quelque chose à la société ou au monde. Comme on pourrait s'y attendre, ceux qui ont une vocation pour leur travail ont tendance à en être plus satisfaits que ceux qui n'y voient qu'un job ou une carrière. Résumant ces découvertes, ces scientifiques concluent : « La satisfaction dans sa vie et son travail peut davantage dépendre de la manière dont l'employé perçoit son travail que de son revenu ou du prestige qui l'accompagne. »

Nous n'avons toutefois pas besoin de sociologues, de psychologues ou de spécialistes du management pour nous dire cela. Chacun de nous peut conduire sa propre enquête, en se servant de sa vie et de celle de son entourage comme sujets de recherche. Avec un peu de réflexion et d'observation il est facile de découvrir comment notre attitude peut avoir des effets profonds sur notre plaisir et notre satisfaction dans notre travail.

Bien sûr, de nombreux facteurs, tant externes qu'internes, interviennent dans la formation de notre attitude envers le travail. Notre enfance, notre éducation et notre culture jouent sans doute un rôle. Comme bien d'autres dans notre société, par exemple, je me souviens de ce que mon père nous disait, à mes frères et à moi-même, des vertus et des plaisirs liés au travail, comment il essayait de nous faire comprendre l'importance d'une éthique forte dans le travail. Et comme tant de gens dans notre société, ses messages non verbaux donnaient du travail une impression qui était assez différente de ce que véhiculaient ses paroles. Lorsqu'il rentrait épuisé chaque soir à la maison, refusant de parler de sa journée, il instillait le doute dans nos jeunes esprits sur ce qu'il faisait exactement. À en juger par son air, et sans disposer de plus d'informations, cela ne nous aurait pas surpris outre mesure si son travail avait consisté à souffrir huit heures par jour.

Je ne brûlais donc pas du désir ardent de commencer à travailler. Adolescent, ma première journée de travail n'a rien fait pour dissiper mes doutes sur les vertus et les plaisirs du travail. J'avais trouvé un job d'été dans une usine de jus d'orange. J'étais placé au bout d'un tapis roulant et je devais soulever des cartons de canettes de jus d'orange pour les placer sur une palette. La courbe d'apprentissage de mon merveilleux nouvel emploi a duré à peu près onze secondes. À la fin de la première heure, submergé par une vague d'ennui et d'épuisement, je commençais à détester la vue des cartons de canettes qui défilaient sans répit dans ma direction. Je considérais chaque boîte comme une insulte personnelle. Pendant les cinq premières minutes, je me suis distrait en pensant à un de mes épisodes préférés de la série *I love Lucy*, dans lequel l'héroïne, Lucille Ball, dégote un emploi dans lequel elle doit placer des chocolats dans des boîtes qui défilent sur un tapis roulant, mais j'ai vite compris que dans mon cas aucun gag ne viendrait égayer ma journée. Il n'y avait pas une once de bonne humeur dans cette usine, et j'avais commencé à envisager la possibilité que l'endroit était équipé d'un filtre à air industriel particulier qui débarrassait l'air de la moindre molécule de bonne humeur. L'ouvrier qui se trouvait à mes côtés semblait fournir une première vérification de cette hypothèse. Pendant la première heure il n'a pas prononcé un mot et, lorsqu'il l'a enfin fait, ça a été pour dire : « Ce travail, c'est de la merde ! » Il ne m'a jamais dit son nom. Et pour aggraver le tout, il semblait faire exprès de traîner. Il se déplaçait si lentement que je devais remplir et déplacer bien plus de cartons que lui. C'était exaspérant. Je voulais bien toutefois lui accorder le bénéfice du doute. Ce n'était peut-être pas lui qui se déplaçait lentement, mais le temps ; peut-être les lois de la physique avaient-elles cessé d'exister dans cette usine ? La moindre minute semblait durer une heure. Tout ce que je pouvais faire c'était regarder désespérément ma montre. Je ne pensais pas que je pourrais tenir plus d'une journée...

Pourtant, le deuxième jour, j'ai reçu ma toute première leçon sur l'importance primordiale de l'attitude envers son travail, et comment elle peut transformer notre expérience. Une nouvelle équipe a pris la relève, et mon voisin a été remplacé par Carl, un type plus âgé dont l'énergie et l'enthousiasme étaient remarquables. Je ne pouvais m'empêcher d'être émerveillé par la manière dont il travaillait. Il semblait adorer chaque geste qu'il faisait, déplaçant adroitement les cartons, avec un rythme et une économie de gestes qui faisaient vraiment plaisir à voir – comme lorsqu'un athlète professionnel s'entraîne. Et ce n'était pas seulement le mouvement qui semblait lui donner tant de plaisir. Il adorait interagir avec ses camarades de travail. Il connaissait le nom de chacun, tous les détails de leur vie. Grâce à lui la journée était finie avant même que je n'aie pu m'en rendre compte. Il aimait vraiment les gens, et les gens le lui rendaient bien. Et il semblait avoir un sens inné du but plus profond de son travail. Il s'était donné la peine de s'informer sur la quantité de boîtes de jus d'orange produites par l'usine, les États vers lesquels elles étaient expédiées. Il aimait penser au voyage que les canettes allaient entreprendre et disait par exemple : « Fais attention à cette boîte-là, mon gars, le jus d'orange dans ce carton va directement sur le bateau de Son Altesse Royale, où il sera mélangé à de la vodka et servi à des diplomates indolents dans de longs verres », ou encore : « Fais gaffe parce que cette canette s'envole directement pour le Nebraska, où elle va être bue à la paille par un petit gars malin âgé d'un an et demi. » Lorsque je repense à Carl, un homme à qui je n'ai pas pensé depuis plus de trente ans, je me dis que c'est un merveilleux exemple de quelqu'un qui transforme un travail routinier en une vocation.

Poursuivant notre discussion des attitudes envers le travail, le dalaï-lama proposa une illustration :

« Lorsque je songe à l'attitude envers le travail, il me vient à l'esprit des exemples tirés de mon expérience de moine. J'ai vu comment l'attitude fait une très grande différence quant à la manière dont on fait son travail, et le sentiment d'accomplissement que l'on en retire. Par exemple, j'ai remarqué comment un jeune moine peut entrer au monastère et commencer ses études religieuses et philosophiques ; au début le moine n'apprécie peut-être pas le sens profond des textes, mais il doit se lever très tôt, veiller très tard et continuer à étudier et à effectuer des tâches. À ce stade, il a le sentiment que c'est très fatigant, il sent le poids de sa charge de travail et il s'ennuie – il n'a pas vraiment envie de faire tout cela. Il n'a pas le choix. Par la suite, en revanche, il commence à comprendre le sens, à apprécier les textes, à voir le sens plus profond et le but de ce qu'il fait, et cela entraîne un changement d'attitude. À présent, non seulement il fait le travail, mais il le fait avec enthousiasme et il ne perçoit plus aucun signe d'ennui ni même de fatigue. Donc, bien qu'il passe le même temps à faire le même type de choses, le changement d'attitude produit un effet remarquable. Et je pense que quel que soit le travail que l'on fait, l'attitude fait une grande différence.

— Maintenant que nous avons montré que l'attitude, la vision que l'on a de son travail, est une composante essentielle de la satisfaction et du bonheur, j'aimerais décomposer un peu plus les choses et entrer dans les détails. »

Le dalaï-lama acquiesça d'un signe de tête.

« Pour ce qui est de l'identification des attitudes envers le travail, il existait une étude montrant que de manière générale les Occidentaux classent leur travail dans l'une des trois catégories suivantes : certaines personnes voient dans leur travail le moyen de gagner de l'argent, et le salaire est le principal intérêt et la principale motivation ; d'autres y voient une carrière, et ici l'accent est mis sur le déroulement de leur carrière, l'avancement, les promotions, et le fait d'avancer dans leur domaine, quel qu'il soit ; et il y a une troisième catégorie de gens qui voient leur travail comme une vocation. Les caractéristiques d'une vocation, c'est qu'ils pensent que leur travail contribue à un bien plus général, qu'il a une valeur significative. Donc, le concept de vocation est lié à l'idée qu'il existe un but plus élevé à leur travail, peut-être même le bien-être de la société ou des autres.

« Telles sont les trois premières attitudes ou vues que les gens ont de leur travail. Un tiers voit le travail comme un job, un autre tiers une carrière et un dernier tiers une vocation. L'étude a en outre montré que les gens qui voient leur travail comme une vocation sont en règle générale plus satisfaits et plus heureux que les autres. Cela semble aller dans le sens de votre idée selon laquelle l'attitude envers son travail détermine le sentiment d'accomplissement. »

Le dalaï-lama répondit :

« Oui, en effet, je pense que cela va dans le même sens. Vous courez davantage le risque d'être insatisfait de votre travail si vous ne le faites que pour de l'argent, pour votre chèque à la fin du mois et rien d'autre. Et même si vous voyez dans votre travail une carrière, cela peut conduire à l'insatisfaction. Bien sûr cela dépend de votre motivation, mais si tout ce qui vous intéresse est l'avancement, le pouvoir, les titres et ainsi de suite, vous risquez un excès de compétition, de frustration si vous ne progressez pas, et de jalousie si d'autres vous dépassent. Cela ne conduira pas à un état optimal de satisfaction dans son travail. De plus vous vous ferez peut-être des ennemis. D'un autre côté, on voit bien en quoi le fait de voir son travail comme une vocation peut être plus satisfaisant d'un point de vue interne.

« Et je pense que le fait de voir votre travail comme une vocation peut aussi avoir d'autres effets positifs. Par exemple, nous avons parlé de l'ennui, et vous m'avez demandé comment j'y fais face, et je n'étais pas très sûr de la pertinence de mon expérience pour tout le monde. Mais ici, je pense que c'est quelque chose qui pourrait s'appliquer à de très nombreuses personnes. Si pour vous votre travail est une vocation, cela vous aidera très certainement à vous fatiguer moins facilement. Cela réduira l'ennui et vous donnera un puissant sentiment d'avoir un but et d'être déterminé à l'atteindre. Et cela vous permettra de maintenir votre intérêt et votre enthousiasme même si vous n'obtenez pas d'augmentation ou de promotion. »

Dans notre exploration des trois principales attitudes envers le travail, nous avions longuement parlé de la première catégorie dans notre discussion sur l'argent comme motivation principale pour travailler mais le dalaï-lama avait raison de souligner qu'un travail dont le but principal est l'avancement, les titres et le pouvoir peut aussi être source de malheur. Toby peut nous servir d'exemple.

Après des études de droit, Toby est devenue procureur. Lorsqu'on lui demande pourquoi elle a choisi ce métier, elle n'est pas capable de répondre car elle est déchirée entre d'une part la perception de son métier comme moyen d'accès à la richesse, à un certain standing social et à la confirmation de son intelligence, et de l'autre son désir d'être quelqu'un de bien, au-dessus de l'ambition. Elle veut penser qu'elle a choisi le droit pour aider les gens. Or la vérité est que son ambition personnelle la rend malheureuse depuis quinze ans. Elle a commencé une carrière très prometteuse au bureau du *district attorney*. Elle gravissait rapidement les échelons. Mais en approchant la quarantaine, elle n'a pas résisté à la tentation de l'argent que gagnaient ses collègues dans d'importants cabinets privés, ou en défendant des actions en dommages et intérêts. Lorsqu'elle a rejoint le secteur privé, elle était trop âgée pour devenir une partenaire dans un cabinet et avait trop d'expérience dans le domaine criminel pour changer de secteur. Elle a donc dû s'établir à son compte et n'a jamais été capable de gagner l'argent qu'elle escomptait ou obtenir la reconnaissance sociale qu'elle désirait.

Comme en outre elle était tellement décidée à réussir dans le secteur privé, elle refusa toutes les offres de l'*attorney general* à trouver une fonction de procureur avec un rang plus élevé et une bien plus grande « visibilité ». Le résultat est qu'elle ne peut jamais jouir des fruits de sa réussite – elle veut toujours quelque chose d'autre. Elle est tellement talentueuse que lorsqu'elle se plaint que son travail ne lui apporte pas ce qu'elle souhaite, c'est comme une top model se lamentant d'un malheureux bouton sur l'épaule d'une amie au visage recouvert d'acné.

« Avez-vous des idées sur la manière dont une personne ordinaire pourrait changer sa manière de voir son travail et son attitude ? Autrement dit, comment peut-on passer d'une approche "pécuniaire" ou "carriériste" à une approche de la "vocation" ? »

Le dalaï-lama réfléchit pendant un moment.

« Je ne suis pas certain. Mais par exemple prenons un fermier ; lorsqu'il fait son travail, comment pourrait-il y voir une vocation ? Peut-être pourrait-il s'efforcer de discerner le but supérieur de son travail puis essayer d'y réfléchir ? Peut-être faudrait-il qu'il pense à ce qu'il s'occupe de la nature, qu'il cultive la vie. Ou, dans le cas d'un ouvrier d'usine, il pourrait penser à la destination finale de la machine particulière qu'il fabrique. Je ne sais pas, je pense que cela pourrait être difficile pour certains, mais ils peuvent essayer de déceler un but.

« D'un autre côté, je pense que certaines professions, comme les assistantes sociales, les professions de santé, les enseignants, verraient facilement une vocation dans leur métier.

— Vous savez, on pourrait s'imaginer que la vision que nous avons de notre travail dépend de sa nature – dans certains emplois, des emplois non qualifiés, par exemple, ou des emplois très subalternes, les gens auraient tendance à ne voir que le côté rémunérateur, alors qu'une assistante sociale ou une infirmière, ou un docteur, insisterait sur sa vocation. Mais en fait, chose intéressante, une telle division n'existe pas. L'étude qui a identifié les trois approches dont nous parlons a montré que la même division existait quel que soit le domaine ou le travail particulier. Ils ont étudié un groupe d'administrateurs universitaires exerçant tous les mêmes fonctions, avec le même niveau d'éducation, dans le même cadre et ainsi de suite, et ils ont découvert qu'un tiers voyait dans leur travail juste un boulot, un tiers une carrière et un tiers une vocation. Donc, même chez les infirmières, les médecins, les assistantes sociales, certains voient le travail juste comme un boulot, d'autres comme une carrière et d'autres comme une vocation. Cela semble être davantage une question de psychologie personnelle que de nature du travail.

— Oui, je conçois que cela puisse être vrai, dit le dalaï-lama. Par exemple, les moines étudiants bouddhistes sont censés étudier pour un but supérieur, la libération, mais il se pcut que certains n'aient pas cette motivation. Cela est peut-être dû à leur environnement. Ils n'ont peut-être pas à leur côté quelqu'un qui leur donne de bons conseils, qui les aide à percevoir la vision plus large et le but ultime. Donc, si l'assistante sociale est convenablement formée et encadrée, et si l'on fait attention à cultiver la bonne motivation dès le début, alors ils seront peut-être capables de mieux percevoir leur travail.

— Eh bien, de toute évidence si l'on exerce une profession comme assistante sociale, voire d'autres métiers où il s'agit d'aider les gens, alors les chances pour que l'on y voie une "vocation" sont sans doutes plus élevées qu'ailleurs, puisque après tout il s'agit d'améliorer la société. Je suis un peu en train de lancer des idées en l'air, pour essayer de clarifier les choses, mais je me demandais ce que vous pensiez de la recherche de l'excellence en tant que motivation ou but supérieur de son travail, pas nécessairement pour aider les autres ou la société. Développer au maximum son potentiel personnel par le travail. Se centrer sur la satisfaction pour le simple plaisir de bien faire son travail. Diriez-vous qu'il s'agit d'un "but supérieur", l'incluriez-vous dans la catégorie "vocation"?

— Je pense que l'on pourrait probablement appeler cela de la "vocation", répondit le dalaï-lama, avec une légère hésitation dans la voix. De manière générale, je pense personnellement que c'est mieux si le but ou la signification supérieure impliquent d'aider les gens. Mais il y a toutes sortes de gens, avec des points de vue et des dispositions différents. Donc, je pense qu'il est parfaitement possible que pour certaines personnes le but supérieur soit simplement de rechercher l'excellence dans leur activité et de l'exercer de manière créative. Ici, l'accent porte davantage sur le processus créatif, et la haute qualité du travail lui-même. Et selon moi cela pourrait transformer la vision de son travail en tant que simple boulot ou carrière en quelque chose ayant à voir avec la vocation. Mais ici aussi il faut être motivé, ne pas faire son travail par esprit de compétition ou par jalousie. C'est important.

« Par exemple, je pense que dans le passé et même aujourd'hui, de nombreux chercheurs effectuent leurs expériences par simple curiosité scientifique et à cause de leur intérêt particulier pour un certain domaine. Pour moi, ces gens diraient qu'ils ont une "vocation". Et en fait ces scientifiques font souvent de nouvelles découvertes qui finissent par profiter aux autres, même si telle n'était pas leur intention de départ.

— C'est un très bon exemple.

— Bien sûr, cela peut se révéler dangereux à l'occasion. Par exemple, certains scientifiques ont entrepris des recherches pour produire de nouvelles armes de destruction massive. Surtout chez vous, les Américains ! dit-il en riant. Et je me dis que leur travail était aussi à leurs yeux une vocation, trouver des choses pour détruire l'ennemi et peut-être, dans leur esprit, protéger les leurs. Mais vous avez des gens comme Hitler, qui utiliseraient des découvertes dans le mauvais sens. »

J'ai poursuivi :

« Eh bien, comme je l'ai dit, il existe certaines professions où il peut être potentiellement plus facile d'avoir la vocation pour son métier. La médecine, le social, la religion, l'enseignement... Mais nous avons vu qu'il existe des millions de personnes qui n'ont pas l'occasion ni l'intérêt pour devenir de grands savants ou des assistantes sociales, des enseignants ou des infirmières. Par exemple, de nombreux métiers sont perçus comme servant exclusivement à gagner de l'argent – les banquiers, les courtiers en Bourse, etc. Certains sont seulement intéressés par l'avancement, le standing, le pouvoir – les dirigeants de sociétés, les avocats et ainsi de suite.

— C'est vrai, répondit le dalaï-lama, le monde est plein de gens très différents, et il y a donc de très nombreuses approches pour trouver un sens supérieur à son travail, qui conduit alors à le percevoir comme cette "vocation" dont vous parlez. Et cela augmente alors sa satisfaction professionnelle. Par exemple, une personne peut avoir un emploi très ennuyeux qui lui permet néanmoins de subvenir aux besoins de sa famille, de ses enfants, de ses parents âgés. Aider et soutenir sa famille pourraient donc être le but supérieur de cette personne, et quand l'ennui ou l'insatisfaction deviendraient trop pesants, elle pourrait réfléchir délibérément à l'acte de subvenir aux besoins des siens, de veiller à leur bonheur, visualiser chaque membre de sa famille et la manière dont son travail contribue à les nourrir et à les abriter, et je pense que cela pourrait lui donner davantage de courage. Donc, qu'elle aime le travail ou non, il existe toujours un but. Mais je pense que nous avons déjà dit que si vous considérez que le seul but de votre travail c'est le salaire qu'il vous rapporte, alors il devient ennuyeux vraiment et vous avez envie d'un autre travail.

— Il existe quand même des millions de personnes qui n'ont pas de famille à entretenir, et pensez-vous qu'il y a une manière pour ces personnes de cultiver une motivation plus élevée, à laquelle ils puissent se référer lorsqu'ils sont au travail ?

— Ce n'est pas difficile, répondit le dalaï-lama sans hésiter. Plusieurs types de raisonnement sont à la disposition d'une personne pour découvrir ce but supérieur, l'impact plus large de son travail.

— Pourriez-vous donner quelques exemples ? »

Le dalaï-lama montra du doigt mon magnétophone posé sur la table basse devant nous.

« Regardez cette machine. Je pense que quelques milliers de personnes ont participé à sa fabrication. Nous pouvons à présent nous en servir pour faire ce livre qui sera peut-être utile à d'autres personnes. De la même manière, il existe des milliers de personnes qui contribuent à nous nourrir, à nous habiller, et ainsi de suite. L'ouvrier qui se trouve sur la chaîne de montage ne voit peut-être pas directement les bénéfices de son dur labeur, mais avec un peu d'analyse il peut comprendre les bénéfices indirects pour autrui et être fier de ce qu'il a fait.

« À travers le monde, des ouvriers apportent inconsciemment du bonheur à autrui. Je pense que souvent, si l'on travaille sans s'impliquer pour une grande société, on peut avoir l'impression que l'on a un emploi insignifiant, qu'un ouvrier isolé n'a pas vraiment d'influence directe sur sa compagnie. Mais si nous creusons un peu, nous pouvons comprendre que notre travail a des effets indirects sur des gens que nous ne rencontrerons sans doute jamais. D'une modeste manière, notre travail peut nous permettre d'apporter quelque chose aux autres.

« D'autres personnes travaillent peut-être pour le gouvernement et pensent que le but supérieur de ce qu'ils font est d'aider leur pays. Dans les années cinquante, par exemple, de nombreux Chinois, dont des soldats, avaient sincèrement le sentiment de travailler pour le bénéfice des autres, ou au moins pour le parti qui améliorerait le sort du peuple. Ils avaient donc une forte motivation et faisaient même don de leur vie. Et ils ne recherchaient pas des gains personnels. De même, dans le monde monastique, de très nombreux moines choisissent de vivre reclus, comme ermites dans les montagnes, dans des conditions très difficiles. Ils ont la possibilité de rester dans le monastère et d'avoir une vie plus confortable et facile. Mais parce qu'ils ont en tête un but bien plus élevé qui est d'atteindre la libération pour mieux servir tous les êtres, ils sont prêts à subir ces difficultés immédiates. Je pense que ces personnes éprouvent une certaine satisfaction dans leur travail. »

Le dalaï-lama sirota un peu de thé en réfléchissant.

« Il y a toujours moyen de trouver un but supérieur à son travail. Bien sûr, il existera toujours quelques individus qui n'ont pas besoin de travailler en raison d'une situation financière particulière. Dans de telles circonstances, ils peuvent apprécier leur liberté et jouir de leur privilège, et c'est une chose. Mais parmi ceux qui ont besoin de travailler pour gagner leur vie, il est important de reconnaître pour ces individus que, d'abord, ils font partie de la société. Ils doivent aussi reconnaître qu'en participant activement à cette force de travail, ils remplissent leur rôle de bon citoyen, de membre productif de la société. Et de cette manière ils peuvent en venir à réaliser qu'indirectement ils contribuent au bien-être de toute la société. Donc, s'ils suivent ce raisonnement, ils peuvent percevoir un but à leur activité autre que la simple subsistance. Cela en soi peut suffire à donner un but, un sentiment de vocation. Et cette idée peut être renforcée s'ils se demandent simplement “quelle est l'alternative ?”. Ne rien faire. Et on court alors le risque de sombrer dans des habitudes néfastes, comme le recours aux drogues, faire partie d'un gang, ou devenir un membre destructeur de la société. Donc, non seulement vous ne contribuerez pas à la société dans laquelle vous vivez, mais vous minerez en fait la stabilité même de celle-ci. Donc, si un ouvrier raisonne selon ces lignes, il pourra percevoir le but supérieur auquel sert son travail. »

Le dalaï-lama fit une nouvelle fois une pose et éclata de rire.

« Je me disais qu'il y a peut-être un peu d'ironie ici. Nous parlons de ces choses qui vont se retrouver dans un livre, et on pourrait penser que je fais ces suggestions aux citoyens américains. Je me demande si les Tibétains, ma propre communauté, prêteront attention à ces choses. La question est ouverte ! Ils ne font pas toujours attention à ce que je dis ! »

Je hasardai une plaisanterie :

« On pourrait peut-être faire publier notre livre en tibétain ? »

Chacun de nous porte la capacité de cultiver une plus grande satisfaction dans son travail en transformant ce qui est un boulot en une vocation. Et la bonne nouvelle est que nous ne sommes pas obligés, pour cela, de démissionner de notre emploi de bagagiste ou de courtier en assurances pour rejoindre une ONG en Afrique. Non, quel que soit notre travail, avec un peu d'attention et d'efforts, nous pouvons donner un sens à ce que nous faisons.

Le Dr Amy Wrzesniewski, une des plus importantes spécialistes des questions de satisfaction dans le travail, a dit : « Des recherches récentes ont prouvé que les gens occupant des emplois subalternes peuvent transformer leur rapport à leur travail en transformant les tâches et les relations qui en font partie d'une façon qui lui donne davantage de sens. »

Il existe de nombreuses manières dont un individu peut donner plus de sens à ce qu'il fait. Une femme qui occupe un poste administratif subalterne dans une grande compagnie a décrit sa manière d'y parvenir :

« Chaque jour, je choisis une personne qui m'a l'air de passer une journée “tartine beurrée”, et je fais l'effort de lui dire un ou deux mots d'encouragement. Je lui demande si je peux l'aider, ou parfois je me contente de lui sourire ou de lui donner une tape dans le dos. Bien sûr, cela ne lui est pas toujours utile, mais parfois si. En tout cas, une chose est sûre : cela m'aide *moi*. Cela ne me demande pas un grand effort mais, croyez-moi, le jeu en vaut la chandelle. C'est ce qui me donne envie d'aller travailler, jour après jour.

— C'est quoi une journée “tartine beurrée”? ai-je demandé

— C'est un de ces jours où du réveil jusqu'au coucher, tout va de travers. Ça commence quand vous faites tomber votre tartine, le beurre vers le bas, et ça continue toute la journée. »

Il n'est pas toujours aisé de trouver un sens plus élevé ou une vraie signification à son travail, il n'est pas toujours évident de changer d'attitude ou de perspective. L'impact global de nos efforts n'est pas toujours apparent. Donc, nous devons commencer à une échelle très modeste en reconnaissant l'impact positif que nous avons sur les personnes qui nous entourent. Et une fois que nous avons découvert comment nous contribuons au bien plus général, nous devons nous le rappeler à chaque instant, surtout lorsque nous nous ennuyons au travail, que nous sommes débordés ou démoralisés. Une de mes amies, directrice littéraire d'une grande maison d'édition, m'a fait part de la stratégie qu'elle utilise pour changer son attitude, une stratégie personnelle qu'elle a mise au point sans connaître les travaux de gens comme le Dr Wrzesniewski.

« Il m'arrive souvent dans mon travail d'en arriver à un point où je me dis : “Je n'en peux plus.” Je ne suis pas toujours capable de dire exactement pourquoi : mais chaque chose m'a l'air d'être un fardeau insupportable, chaque question une interruption insidieuse, chaque réunion un coup porté à ma qualité de vie. Dans ces moments, je ne peux m'empêcher d'avoir envie de me trouver n'importe où sauf au travail. Je préférerais être coincée dans le métro à l'heure de pointe, dans un tunnel sans climatisation. Seulement voilà : je ne me retrouve dans cet état que lorsque je pense à mon travail comme une carrière, si j'essaie de paraître sous mon meilleur jour. J'ai découvert que lorsque je compte sur quelque chose d'extérieur à moi-même pour me rendre heureuse, je suis toujours déçue. Mon travail ne peut pas m'aider à me sentir mieux. C'est moi qui dois m'occuper de cela. Donc, quand je suis dans cet état, je n'essaie pas de changer d'un seul coup toute mon attitude, en me disant : "Au bout du compte, mon job aide des gens." Ça ne marche pas pour moi. Je dois commencer petit. Je dois commencer par l'agacement que je ressens lorsque je dois répondre à une question irritante d'un collègue. Je dois apprécier cette personne comme quelqu'un qui a aussi un boulot à faire et dont les besoins sont au moins aussi, sinon plus, importants que les miens. Alors je peux éprouver de la satisfaction en me disant que, grâce à mon travail, j'ai pu aider quelqu'un à y voir plus clair. De là, je peux me tourner vers la tâche qui m'occupe, par exemple la rédaction d'un argumentaire de marketing pour positionner un livre. Puis je peux penser à la manière dont les gens dans la maison réagissent à ce livre, qu'il leur a plu, qu'il ait aidé telle collègue dont un proche était malade. Puis je pense aux milliers d'exemplaires qui se trouvent chez les libraires, et à toutes les personnes qui vont peut-être l'acheter, le lire, se sentir compris et aidés et passer le livre à quelqu'un d'autre à qui il pourra rendre service, et ainsi de suite. Et c'est alors seulement que je comprends que le but de mon travail est vraiment de soulager la souffrance. Mais ce n'est pas une sensation facile à préserver. Je me retrouve constamment dans le mode "épuisé". C'est un exercice de formation de l'esprit que je dois pratiquer constamment. Et lorsque je deviens insupportable au travail, cela veut dire que je dois recommencer, encore, et encore, et encore, jusqu'au jour où cela me vient tout seul, naturellement, spontanément, et pendant un moment, alors que je travaille sur un manuscrit, je sens une joie énorme qui m'envahit, comme venue de nulle part. »

6

La compréhension de soi

Le dalaï-lama avait été pris par d'autres réunions et engagements depuis plusieurs jours, et, quand nous nous sommes retrouvés, j'avais hâte de reprendre notre discussion là où nous l'avions laissée.

« L'autre jour, nous avons parlé du fait que notre attitude est un facteur essentiel de notre sentiment de satisfaction dans le travail, et nous avons évoqué différentes manières de modifier notre attitude ou notre point de vue afin d'en venir à concevoir notre travail comme une vocation. Mais vous avez aussi mentionné un autre facteur : la conscience de soi, ou la compréhension de soi.

— C'est exact, répondit aimablement le dalaï-lama.

— Pouvez-vous aller un peu plus loin et expliquer plus précisément comment cette compréhension de soi pourrait s'appliquer à notre travail ?

— Je pense qu'il peut être très utile pour une personne d'avoir une meilleure compréhension de soi. Par exemple, quelqu'un de très qualifié qui se retrouve à un très mauvais poste a des raisons valables de se plaindre et de chercher un meilleur emploi. C'est légitime. S'il a les compétences pour aller plus loin, alors il doit aller plus loin. D'un autre côté, vous pourriez avoir un individu mécontent de sa situation, qui voudrait un meilleur travail et gagner plus d'argent, mais dont les capacités et les qualifications ne sont pas très bonnes. Cette personne a une image déformée d'elle-même ; elle n'a pas une bonne compréhension de soi. Donc, au lieu de changer d'attitude, d'apprécier le travail qu'elle a en réalisant qu'il correspond à son niveau de compétences, elle en veut aux autres, exige un meilleur poste, et son travail, qui devrait lui permettre de se réaliser, se transforme en une pure source d'insatisfaction.

— Je trouve intéressant que vous ayez choisi de parler de cette question de la conscience de soi, ai-je remarqué, parce que en lisant ce qui a été écrit sur les sources de satisfaction dans le travail – pourquoi certaines personnes sont heureuses et pas d'autres – un grand nombre de chercheurs parlent précisément de ce que vous mentionnez, la compréhension de soi et la conscience de soi comme deux éléments essentiels pour améliorer son niveau de satisfaction. Pouvez-vous développer un peu cette idée ? Qu'y a-t-il de plus dans cette notion que le fait de dire "eh bien, j'ai les compétences pour faire ce travail" ? Dans un sens plus large, qu'englobent la conscience et la compréhension de soi ? »

Le dalaï-lama se lança dans une explication :

« Il y a plusieurs niveaux auxquels on peut se placer pour parler de la conscience ou de la compréhension de soi. Dans la psychologie bouddhiste, on insiste beaucoup sur l'importance d'avoir un sentiment de soi ancré dans la réalité. La raison de cela est qu'il existe un rapport intime entre comment nous nous percevons et comment nous entretenons des rapports avec autrui et avec le monde. Il va sans dire que la manière dont nous nous percevons nous-mêmes influe aussi sur notre façon de réagir dans une situation donnée. Or, à un niveau très fondamental, les êtres humains ont un sens inné du soi, un sens inné du “moi”, qui nous paraît être une sorte de noyau fixe, permanent, quelque chose d’indépendant, de séparé des autres comme du monde. La question est, toutefois, de savoir si ce sentiment de soi, ce “moi” auquel nous nous agrippons avec tant de force, existe véritablement, de la manière dont nous percevons qu’il existe. Quelle est la véritable nature sous-jacente du soi ? Quel est le fondement ultime du soi ? C’est une question fondamentale dans la pensée bouddhiste, parce que nous affirmons que cette croyance en un “moi” unitaire, solide, permanent, est à la racine de nos souffrances mentales et émotionnelles, les états mentaux destructeurs qui font obstacle à notre bonheur. Par le raisonnement, la logique et l’analyse rigoureux, en recherchant la nature ultime du “moi”, nous découvrons qu’il existe un fossé entre la manière dont nous semblons exister, et celle dont nous existons véritablement. Un fossé entre l’apparence et la réalité. Mais ce type d’investigation sur la nature ultime du soi, la nature de la réalité, est une question de théorie et de pratique bouddhistes. Elle renvoie à ce que dans la terminologie bouddhiste nous appelons le vide ou le non-soi. C’est une question distincte de la question du type de compréhension de soi dont nous parlons en ce moment, qui est la compréhension de soi au sens traditionnel. Nous ne parlons pas de parvenir à la compréhension de la nature ultime du soi.

— Quels types de facteurs seraient présents chez une personne qui souhaiterait développer une plus grande conscience de soi, ou compréhension de soi de ce type traditionnel, ordinaire ? demandai-je.

— S'il s'agit du travail, si les gens souhaitent atteindre une meilleure compréhension de leur niveau de connaissances ou de compétences techniques dans leur domaine, alors peut-être feraient-ils bien de se soumettre à certains tests. Je pense que cela permet d'améliorer la propre compréhension de ses capacités, au moins au niveau des compétences techniques, de l'efficacité, de tout type de savoir qui puisse être mesuré objectivement.

« Mais s'il s'agit d'approfondir sa conscience de soi et sa compréhension à un niveau plus profond, alors l'essentiel est d'avoir une vision du "moi" qui soit ancrée dans la réalité. Dans ce cas, le but est d'avoir une vision non déformée de soi-même, une évaluation précise de nos capacités et caractéristiques.

— Ce que vous dites me rappelle certaines théories récentes proposées par des chercheurs dans le domaine du bonheur humain. Un de ces spécialistes en particulier dit qu'il faut améliorer sa compréhension de soi en identifiant ce qu'il rappelle nos "signatures de force", les bonnes qualités et caractéristiques naturelles, l'ensemble unique de dons que chacun de nous possède. Il a d'ailleurs mis au point un test que les gens peuvent s'administrer pour identifier leur "signature". Le questionnaire est très sophistiqué et détaillé. Il a identifié six catégories principales de vertus humaines, comme la sagesse, la modération, le courage et l'amour. Puis il a subdivisé ces vertus "primaires" en vingt-quatre "signatures de force". Le courage est ainsi subdivisé en bravoure, persévérance et intégrité, et ainsi de suite. Ce chercheur maintient que l'on peut être plus heureux dans son travail en identifiant ses signatures de force et en faisant un effort conscient pour utiliser ces forces dans son travail, chaque jour, si possible. Il recommande de choisir une occupation professionnelle où l'on puisse utiliser ces forces. Si ce n'est pas possible, alors il suggère d'aborder son travail de manière à pouvoir utiliser autant que possible ces forces.

« Nous avons vu comment les gens sont plus heureux dans leur travail s'ils le vivent comme une vocation, comment modifier son attitude pour trouver un but ou un sens supérieur à son travail permet d'y parvenir. Selon Martin Seligman, le chercheur dont je parlais à l'instant, il existerait un autre moyen de parvenir à voir son travail comme une vocation : en identifiant et en utilisant nos forces de signature. Je pense donc, que, d'une certaine manière, ceci est relié à la notion de compréhension de soi dont vous parlez. Au moins au sens traditionnel.

« L'utilisation de nos forces de signature au travail pourrait en être un bon exemple. Je me souviens d'avoir évoqué avec vous autrefois votre rôle en tant que chef du peuple tibétain et votre réussite sur ce plan. Et, dans certaines conversations, vous aviez parlé des différences entre votre style de direction et celui du 13e dalaï-lama. Par exemple, le 13e dalaï-lama était un peu plus austère, voire sévère. Votre style, tout en étant différent, sert peut-être mieux les besoins actuels de votre peuple. Et vous avez identifié différents traits de votre personnalité, dont une sorte d'informalité, et une sorte de franchise. Vous aviez identifié vos forces et la manière dont elles pouvaient s'appliquer aux besoins de votre travail, ou du moins d'une partie de votre travail, qui est d'être le chef du peuple tibétain. Cela semble coller avec cette idée de connaître ses forces avec précision, puis de les utiliser dans votre travail. Cela vous semble correspondre à quelque chose ?

— Je me demande... Appellerait-on cela un style ou une force ? Parfois, ma connaissance de l'anglais est limitée. Je pensais que la franchise et l'informalité seraient de simples caractéristiques. Je ne sais pas si on peut les appeler des forces. Mais semblez-vous vouloir dire que si vos caractéristiques s'accordent bien aux circonstances, si elles sont utiles, alors elles deviennent une force ?

— Je suppose qu'on pourrait le formuler comme cela.

— Parce que pour moi des forces seraient des qualités comme l'honnêteté, la sincérité, l'humilité. Je ne suis donc pas certain de bien comprendre votre définition. Par exemple, j'ai une bonne voix, une voix forte. C'est une de mes caractéristiques ! Il rit. Et je donne des conférences. Est-ce une force, dans ce cas ?

— Hmm, je ne pense pas qu'une voix puissante serait automatiquement considérée comme une force, sauf si vous êtes en train de donner une conférence et qu'il n'y a pas de micro ! » dis-je en plaisantant.

Il s'esclaffa une nouvelle fois.

« Ça, c'est certain. Il y a peu, mon frère est parti en vacances, et à l'endroit où il se trouvait, des gens avec des voix très puissantes l'ont empêché de dormir durant toute la nuit. Son rire augmenta à mesure qu'il évoquait des souvenirs. Et j'ai eu un chauffeur qui éternuait tellement fort qu'on l'entendait à l'autre bout du bâtiment !

Mais expliquez-moi un peu plus cette idée de forces, de ce que l'on peut considérer comme des forces.

— Pour être honnête, je ne me souviens pas de toutes les caractéristiques sur la liste de Seligman. Mais, par exemple, une voix puissante n'est pas nécessairement une force, alors que la capacité de communiquer de manière claire et efficace l'est. Ou, pour prendre un autre exemple – il était toujours secoué par les rires qu'avait provoqués l'évocation de son ex-chauffeur –, j'ai toujours remarqué que vous avez un sens de l'humour incroyable et que vous utilisez cet humour pour établir des liens avec les autres, dans toutes sortes de circonstances. Je pense que c'est une force.

— Pour moi c'est naturel, c'est une qualité qui est là, qui coule spontanément. Je ne décide pas consciemment d'utiliser de l'humour. C'est pour cela que je ne comprends pas très bien cette idée de force.

— Eh bien, parlons de compréhension de soi, et maintenant de l'identification de nos qualités et capacités naturelles positives, et de la manière d'utiliser et d'appliquer ces capacités à notre travail. En fait, une fois que l'on identifie ces "signatures de force" nous pouvons nous employer à les améliorer, à les augmenter. Ainsi une personne pourrait en venir à voir son travail comme une vocation. Cela le rend plus gratifiant, plus satisfaisant. Par exemple, vous m'avez dit que les conférences que vous avez données dans le sud de l'Inde représentaient un travail difficile. Je me demandais si vous aviez utilisé certaines caractéristiques ou certaines compétences pour donner ces conférences, et si le fait de les utiliser avait rendu cette expérience plus gratifiante.

— Je vois. À cet égard, je pense que j'ai une capacité spéciale – la manière dont fonctionne mon esprit. Je pense que je suis assez doué pour lire un texte bouddhiste, en extraire la substance et bien le résumer. Je pense que cela est dû en partie au fait que je suis capable de placer ce matériau dans un contexte plus large, et surtout que je peux le relier à ma propre vie, que je peux établir un lien avec moi-même et mon expérience personnelle, mes émotions. Même lorsqu'il s'agit de textes très philosophiques, très universitaires, de concepts philosophiques comme le vide, lorsque je lis des livres, j'établis un rapport avec mes propres expériences. Je ne fais pas de séparation entre mes investigations et mes expériences personnelles, elles sont étroitement connectées. C'est pour cela qu'au lieu d'être un matériau universitaire desséché, mes présentations deviennent vivantes, personnelles et elles ont à voir avec ma propre expérience intérieure. Est-ce à cela que vous faites allusion ? »

J'ai subitement compris pourquoi il avait tant de mal à saisir le concept dont nous parlions. Nous étions en train de discuter de l'idée d'identifier ses forces particulières et de les employer délibérément dans notre travail en tant que moyen d'accroître notre satisfaction, de transformer notre travail en une vocation. Mais de toute évidence, sa vie personnelle était déjà tellement intégrée dans son travail qu'il n'existait aucune séparation entre les deux. Il n'avait donc pas besoin de stratégies pour y être plus heureux. Après tout, comme il le disait lui-même, il ne faisait « rien », il ne considérait aucune de ses activités prenantes comme du travail ; elles étaient tout simplement une extension de lui-même en tant qu'être humain.

Ayant compris cela, j'ai dit :

« Oui, cela ressemble à une force. »

Il n'était plus nécessaire de poursuivre dans cette direction.

L'histoire de William illustre bien comment on peut identifier et utiliser nos forces personnelles pour transformer notre travail en vocation, comment avec un peu de créativité et d'efforts on peut intégrer nos forces dans notre travail, et améliorer notre satisfaction. William venait de sortir de l'université, avec un diplôme de comptable, et il était heureux d'avoir été embauché par un important cabinet. Il avait l'impression de se réaliser d'une manière inconnue pour lui jusque-là, et excité de découvrir les avantages d'avoir un bon salaire après des années passées à tirer le diable par la queue pour payer ses études avec de petits boulots. Mais ce sentiment d'exaltation s'évapora assez rapidement, et six mois plus tard il disait : « J'ai commencé à m'ennuyer dans mon travail. Mais je n'arrivais pas à dire pourquoi exactement. C'était moins amusant. Le travail était le même, mon patron était le même, mais pour une raison indéfinie j'ai commencé à ressentir une vague sensation d'insatisfaction. Globalement, je l'aimais toujours autant, et je n'avais pas envie de changer de secteur. Je me suis donc dit qu'il me fallait peut-être une activité en dehors du boulot, juste pour m'ennuyer moins, que j'aimerais développer mon sens créatif que je n'utilisais pas dans mon travail...

— La comptabilité créative, n'est-ce pas ce qui a mis Enron et WorldCom en faillite ? » ai-je interrompu.

William a ri, puis a poursuivi :

« Quoi qu'il en soit, j'ai décidé de prendre des cours du soir pour apprendre à utiliser Photoshop, un logiciel de retouche de photographie sur ordinateur. J'ai adoré. À l'issue des cours, je préparais un rapport au bureau et décidai d'y inclure de jolis graphiques en couleur et d'autres illustrations. Ça avait de la gueule, et je me suis vraiment amusé en le faisant. L'une de mes collègues est tombée sur mon rapport par hasard, et elle m'a demandé de lui faire le même. Elle l'a montré aux autres et bientôt tout le monde venait me voir pour que je donne un peu de vie à leurs rapports. Mon patron a fini par les remarquer, et il m'a convoqué dans son bureau. Je pensais que j'allais avoir des problèmes parce que je passais trop de temps à illustrer les rapports, ce qui n'avait rien à voir avec les chiffres, ce qui était censé être mon métier quand même. Au lieu de quoi il m'a déclaré qu'il aimait bien ces rapports, que ça améliorait drôlement la présentation des chiffres, et il a modifié la définition de mon poste pour y inclure la conception de graphiques sur ordinateur. Je m'occupe toujours de chiffres, et j'aime ça toujours autant, mais mes nouvelles tâches ont rendu le travail bien plus amusant. J'ai commencé à avoir à nouveau envie d'aller au bureau. »

« Nous parlions de l'importance de la compréhension de soi et de la manière dont on peut l'améliorer, en augmentant la conscience de ses qualités personnelles, de ses forces et ainsi de suite. Mais vous avez aussi dit quelque chose au sujet de la compréhension de soi à un niveau plus profond, une description fidèle de qui vous êtes. Pouvez-vous expliquer ce que vous entendez par là ?

— Bien sûr ! Comme je l'ai dit, il est important d'avoir une perception de soi enracinée dans la réalité, une reconnaissance non déformée de ses propres capacités et caractéristiques. Ceci est très important parce que cela réduit les risques d'aboutir à de l'affliction psychologique et émotionnelle. Donc, je pense qu'il est d'abord important de réfléchir aux facteurs qui font obstacle à une meilleure compréhension et à une meilleure conscience de soi. Un facteur important est peut-être la bêtise humaine, dit-il en riant, la simple obstination. J'entends par là la sotte obstination que l'on adopte par rapport à l'expérience de sa propre vie.

— À quel type d'obstination pensez-vous ?

— Par exemple au fait que l'on est persuadé d'avoir toujours raison, que l'on pense que notre manière d'envisager les choses est la meilleure manière, voire la seule. Ce type d'attitude peut donner un sentiment de protection, mais en fait elle ferme la porte à toute véritable reconnaissance de ses défauts. L'excès d'orgueil, qui a souvent pour corollaire un sentiment exagéré de sa propre importance, sera aussi un obstacle à une meilleure compréhension de soi. Ainsi, lorsque vous êtes arrogant, vous êtes forcément moins ouvert aux suggestions et aux critiques, sans lesquelles il ne peut y avoir de plus grande compréhension de soi. En outre, un ego surdimensionné vous conduit à avoir des attentes irréalistes par rapport à vous-même, ce qui a pour conséquence de vous mettre trop de pression. Si ces attentes ne se concrétisent pas, ce qui arrive souvent, cela devient alors une perpétuelle insatisfaction. »

Je demandai :

« Que peut-on faire alors pour surmonter ce sentiment exagéré de nos capacités ?

— La première exigence est que la personne en ait envie. Elle pourrait passer des heures à penser à la manière dont ceci a causé problèmes et souffrances. L'étape suivante serait alors de passer un peu de temps à réfléchir aux nombreux domaines auxquels on ne connaît rien, à des choses et à un savoir qui lui manquent, regardant vers les autres qui ont mieux réussi. Cela pourra permettre de réduire le niveau d'arrogance et de compréhension.

« En même temps, une très mauvaise opinion de ses propres capacités est aussi un obstacle. L'humilité est une bonne qualité, mais on peut souffrir d'un excès d'humilité, ce qui aura pour effet négatif de forclore toute possibilité d'amélioration de soi, presque par défaut. Parce que la tendance d'une telle personne sera de réagir automatiquement à tout événement en se disant : “Non, je ne peux pas le faire.” Donc, pour surmonter cela, on devrait passer du temps à réfléchir à nos potentialités d'être humain, à réaliser que nous avons tous cette merveilleuse intelligence humaine à notre disposition, et que nous pouvons l'utiliser pour de nombreuses réalisations. Bien sûr, il existe des gens qui souffrent de retard mental et qui ne peuvent sans doute pas utiliser leur intelligence de la même manière, mais c'est une autre question.

« J'ajouterais aussi à cette liste d'obstacles à une meilleure compréhension de soi un état d'agitation mentale. Puisque la compréhension de soi demande une certaine capacité à se concentrer sur ses propres capacités et son caractère, un esprit constamment agité ne disposera tout simplement pas de la place pour entreprendre une réflexion sérieuse sur soi.

— Mais, pour ces cas, pensez-vous que la pratique de techniques de relaxation ou de certains types de méditations dont vous avez parlé serait utile ? À supposer, bien sûr – je me devais d'ajouter cela en tant que médecin – que l'agitation ne soit pas due à une raison médicale.

— Cela ne fait pas l'ombre d'un doute, dit-il avec détermination. De toute façon, une meilleure conscience ou connaissance de soi implique une meilleure appréciation de la réalité. L'inverse de la réalité c'est de projeter sur soi des qualités qui ne sont pas là, de s'attribuer des caractéristiques inverses de celles qui existent réellement. Par exemple, si vous avez une vision déformée de vous-même, si vous êtes excessivement orgueilleux ou arrogant, ces états mentaux vous conduiront à avoir une vision exagérée de vos qualités et capacités personnelles. Votre vision de vos propres capacités va bien au-delà de ce qui est réellement le cas. D'un autre côté, lorsque vous avez une mauvaise opinion de vous-même, alors vous sous-estimez vos qualités et capacités réelles. Vous vous dénigrez, vous vous rabaissez. Cela conduit à une perte totale de confiance en soi. L'excès, tant en termes d'exagération que de dévaluation, est destructeur dans toutes ses formes. C'est en confrontant ces obstacles et en examinant constamment votre caractère personnel, vos qualités et vos capacités, que vous parviendrez à une meilleure compréhension de vous-même. C'est ainsi que l'on devient plus conscient de soi. »

Il fit une pause, puis ajouta :

« Mais ce que je suggère ici n'est pas vraiment nouveau, n'est-ce pas ?

— Neuf dans quel sens ?

— Il me semble que tout cela est du simple bon sens. Si quelqu'un se sert de son sens commun, il obtiendra ces réponses.

— C'est peut-être vrai, admis-je, mais on dirait que notre société manque en général de sens commun. Les gens ont toujours besoin de plus de sens commun.

— Je ne suis pas certain que cela soit vrai, parce que je pense que le sens commun est nécessaire pour tout progrès. On ne peut pas faire de grandes choses sans un peu de sens commun. Je pense qu'aux États-Unis ils en ont accompli de très grandes. Donc, il doit quand même y avoir du sens commun.

— Vous avez sans doute raison sur ce point, mais tout de même. Les gens ne prennent pas toujours le temps de s'arrêter pour réfléchir, pour se rappeler ces notions de sens commun. Et si c'est votre père ou votre oncle le casse-pieds qui vous les rappellent, vous l'ignorerez, mais si les mêmes mots sont prononcés par vous, les gens y prêteront attention. »

Le dalaï-lama rit de bon cœur.

« Parce que je suis le dalaï-lama ! Howard, il y a une minute nous parlions de l'exagération, et là je trouve que vous exagérez !

« Mais quoi qu'il en soit, je pense que l'auto-évaluation, le développement d'une perception précise et réaliste de soi par l'observation rigoureuse permet d'atteindre une plus grande compréhension de soi. Et je pense que la compréhension de soi est un facteur crucial si l'on parle de la satisfaction dans son travail. Et elle peut même avoir d'autres effets secondaires bénéfiques.

— Par exemple ?

— Par exemple, seriez-vous d'accord pour dire que l'un des problèmes que les gens rencontrent au travail est de se sentir mal lorsqu'ils sont critiqués par d'autres ? Ou s'il ne s'agit pas de critiques directes, au moins de compter trop sur les éloges des autres, et ils se sentent découragés si on ne leur manifeste pas de la reconnaissance ?

— C'est juste. »

Le bouddhiste lama venait de signaler une caractéristique des travailleurs à travers le monde. En fait, une étude a montré que deux des trois priorités des salariés britanniques étaient la reconnaissance pour leur performance et le fait d'être traités avec respect.

« Bien sûr, poursuivit le dalaï-lama, le fait d'avoir une bonne compréhension de soi, une vision réaliste de ses propres capacités, peut ne pas influer sur le niveau de critique auquel vous êtes soumis, mais il peut certainement influer sur votre manière individuelle de réagir à ces critiques. La raison en est que cette vision réaliste de soi vous donne une certaine assurance, une certaine force intérieure. Vous savez ce dont vous êtes véritablement capable, et aussi quelles sont vos limites. Et vous êtes donc moins atteint par ce que disent les autres. Donc, si on vous critique, et si ces critiques sont valides, vous pouvez les accepter plus facilement et en faire une occasion d'apprendre quelque chose sur votre propre compte. Mais si vous vous sentez accusé à tort, vous le prendrez moins mal parce que au fond de vous, vous savez que ce n'est pas vrai, vous vous connaissez. Et si une personne est confiante dans sa reconnaissance de ses propres qualités positives intérieures, de ses capacités et connaissances, elle a moins besoin des éloges des autres pour avoir le sentiment d'accomplissement. »

En guise d'explication finale, le dalaï-lama ajouta :

« Si vous reconnaissez l'immense valeur de la connaissance de soi, alors même si vous échouez dans un travail votre déception s'en trouvera réduite parce que vous pourrez considérer cette expérience comme un moyen d'améliorer votre connaissance de vous-même, de vos capacités et de vos compétences. Vous pouvez envisager l'expérience comme si vous passiez un test d'autoévaluation. Mais, bien évidemment, la compréhension de soi réduit les risques d'échec pour commencer, parce que vous ne vous lancerez pas dans des entreprises par ignorance, vous ne prendrez pas des emplois qui dépassent vos capacités. Donc, plus vous êtes proche de la réalité, moins vous connaîtrez de déception et de frustration. Elles disparaîtront. »

Le dalaï-lama souligne à juste titre l'importance de la conscience de soi en tant que facteur essentiel du bonheur dans le travail. Son concept de conscience de soi, toutefois, va plus loin qu'une simple connaissance de nos qualités et talents particuliers. Pour lui, la connaissance de soi exige en outre de l'honnêteté et du courage. Cela exige de procéder à une évaluation rigoureuse de qui l'on est, de voir la réalité clairement, sans exagération ni déformation.

Les bienfaits d'une autoévaluation rigoureuse sont manifestes. Dans une étude conduite en 2002 par le professeur Barry Goldman, spécialiste du management, les gens avec une perception forte de leur propre identité non seulement éprouvaient une plus grande satisfaction dans leur travail, mais aussi un plus haut niveau de bien-être personnel en général. L'étude de Goldman et de ses collègues définissait l'identité personnelle comme étant « un état psychologique reflétant une connaissance de soi et un sentiment solide, conséquent, de ses valeurs personnelles et de sa capacité à défendre ses conclusions face à une opposition ». Une meilleure connaissance de soi se trouvait donc associée avec une plus grande confiance en son propre jugement, et cela laisse penser que ce type de personne est moins troublée par des critiques injustifiées et comptent moins sur les éloges des autres pour avoir le sentiment d'avoir de la valeur. Outre cette satisfaction dans la vie et dans le travail en général, d'autres études ont montré que ces individus connaissent d'autres bienfaits, comme par exemple un moindre nombre de disputes conjugales.

Les effets bénéfiques de la compréhension de soi sont sans doute clairs, mais les effets destructeurs d'une vision de soi déformée ne le sont pas moins. Le résultat négatif d'une image de soi déformée est amplement démontré en examinant simplement notre vie et celles des gens qui nous entourent. Pour ma part, ces effets destructeurs ont été perceptibles non seulement dans ma vie professionnelle passée en tant que psychothérapeute, mais aussi dans ma vie privée. Une faible estime de soi et une sous-estimation de ses capacités peu paralyser toute initiative personnelle et empêcher la personne d'explorer de nouvelles possibilités. Au bout du compte, elles peuvent faire obstacle à la pleine réalisation de votre potentiel, et vous empêcher d'atteindre vos objectifs. Une image de soi hypertrophiée peut être tout aussi dévastatrice, puisque l'individu se trouve aux prises avec un monde qui ne le voit pas comme il se voit lui-même – au centre de l'univers, un génie incompris dans un monde d'imbéciles. À bien des égards, il est plus facile de surmonter une faible estime de soi. Les gens qui en souffrent ont tendance à s'accuser de tout, et donc ils sont souvent capables de reconnaître qu'ils ont un problème. Ils risquent donc bien plus de faire la démarche pour obtenir de l'aide pour surmonter leur mauvaise image de soi et les troubles qui peuvent l'accompagner, comme la dépression. Mais ceux qui se trouvent à l'autre bout du spectre, ceux qui ont une vision exagérée de leurs réussites et de leurs talents, auront tendance à rendre les autres responsables de leurs problèmes. Après tout, ils sont parfaits, et ce sont donc les autres qui doivent être en tort. Ils ont souvent du mal à voir que leur arrogance et leur orgueil font fuir les autres, et se demandent parfois pourquoi ils n'ont pas beaucoup d'amis. Alors que leurs réalisations peuvent être modestes, s'ils n'obtiennent pas aussitôt la reconnaissance à laquelle ils estiment avoir droit, ils laisseront tomber leur projet et n'iront pas au bout de leur démarche.

Mais, dès lors que l'on reconnaît la nature destructrice de l'arrogance, comment la distinguer d'une saine confiance en soi ? Dans une des conversations qui ont donné naissance à *L'art du bonheur*, j'avais demandé au dalaï-lama comment une personne pouvait savoir si elle était arrogante ou juste confiante en soi. Il avait répondu que les gens confiants avaient des raisons d'avoir confiance en eux-mêmes, qu'ils avaient les capacités et les compétences pour valider ce sentiment, alors que les personnes arrogantes n'en ont pas, elles n'ont rien qui permette de valider leur vision surdimensionnée de leur personne. J'avais fait remarquer au dalaï-lama que cette distinction ne serait pas très utile pour une personne arrogante, laquelle a toujours l'impression qu'il existe de solides raisons à sa haute opinion d'elle-même. Le dalaï-lama avait reconnu qu'il était difficile de distinguer l'assurance et l'arrogance, il avait haussé les épaules, ri, et dit en plaisantant : « Peut-être la personne devrait-elle aller devant le tribunal qui décidera si elle est arrogante ou confiante ! »

Un peu plus tard, il avait quand même fait remarquer qu'on ne pouvait décider que rétrospectivement, à partir des résultats de nos actes bénéfiques ou malfaisants pour soi et les autres.

Le premier pas à faire pour surmonter l'arrogance et une vision de soi exagérée consiste à reconnaître à quel point cela est dommageable, et pour cela nous devons parfois analyser les conséquences ou les résultats de nos attitudes et actions. Cette approche rétrospective ne permet pas de changer les conséquences de nos erreurs passées, mais elle peut certainement nous motiver à réévaluer nos attitudes, à nous faire avancer vers une compréhension plus précise de nous-mêmes, à nous aider à bâtir une meilleure connaissance de nous-mêmes, et donc à orienter notre avenir dans une direction positive.

Fred est une bonne illustration des effets dommageables d'une image de soi surdimensionnée. Je l'ai rencontré il y a quelques années, suite à une conférence que j'avais donnée pour un atelier d'écriture. Fred m'avait approché au moment où j'allais partir et m'avait demandé conseil. Il avait environ quarante-cinq ans. Il avait l'air d'un aimable professeur, et avec des manières légèrement condescendantes il m'annonça qu'il était un ami d'une de mes amies. Il m'énuméra la liste de ses diplômes et titres, qui était assez impressionnante. Apparemment, il avait été un étudiant brillant et précoce, et avait été diplômé d'une prestigieuse université à l'âge de dix-neuf ans. Il m'annonça très rapidement qu'il pensait qu'il était capable de grandes choses en littérature. Il m'expliqua qu'il avait une merveilleuse idée de livre fondée sur des recherches qu'il avait faites pour son doctorat, et tira un gros paquet de feuilles de sa sacoche, m'annonçant que c'était une partie du matériel qu'il avait l'intention d'inclure dans son livre. En l'espace de quelques minutes, il m'avait non seulement demandé de lire et de commenter ces pages, mais aussi de l'aider à trouver un agent ou un éditeur. Je lui ai expliqué que j'étais sûr qu'il réussirait, mais que mon emploi du temps était trop chargé pour que je puisse l'aider sur ce point. En outre, des tas de gens autres que moi, des professeurs ou des éditeurs, étaient sans doute bien plus compétents que moi pour lire et critiquer ses textes. Comme si je n'avais rien dit, il insista, et, puisqu'il s'agissait d'un ami d'une amie, j'ai accepté à contrecœur de lui accorder une heure et de le conseiller du mieux que je le pourrais. Nous sommes sortis de la salle et nous sommes installés sur un banc public, et j'ai commencé par lire une vingtaine de feuillets de son paquet pour me faire une idée de son travail. J'aimais bien son écriture, mais même à mes yeux de non-spécialiste, il me semblait qu'il n'en était pas encore au point où il pouvait proposer ce texte à un éditeur. Je lui ai ensuite expliqué de manière détaillée le processus pour faire publier un livre, et je lui ai donné des instructions précises sur l'art et la manière d'écrire un synopsis, la première étape du processus. Je lui ai aussi donné les noms de deux agents littéraires que je connaissais, et une petite liste de bons livres sur le parcours du combattant de l'auteur en herbe. Pour finir, je lui ai glissé quelques paroles d'encouragement, mais j'ai insisté sur l'importance de la persévérance, la clé de la réussite. Je lui ai raconté comment *L'art du bonheur* a été refusé par des dizaines d'agents et d'éditeurs au cours de plusieurs années, et je lui dis combien il était difficile pour l'auteur d'un premier livre de se faire éditer. Après deux heures, je me suis levé en disant que je devais partir, et je lui ai lancé en m'éloignant, sur un ton joyeux : « Ne baissez jamais les bras ! » Mais ce n'était pas terminé. Au cours des semaines suivantes, après avoir obtenu mon téléphone personnel auprès de mon amie sous un prétexte quelconque, il m'a appelé à plusieurs reprises à des heures indues pour m'entretenir longuement de ses idées pour son livre. Après quatre ou cinq conversations de ce style, j'ai fini par lui dire clairement que je lui souhaitais ardemment de réussir, mais que j'étais malheureusement trop pris pour pouvoir l'aider davantage. Et je lui répétai mes conseils précédents, de manière encore plus explicite, sur le protocole de rédaction d'un synopsis, la procédure pour trouver un agent, et plusieurs autres ouvrages sur le sujet. Suite à quoi, il ne m'a plus rappelé. Plusieurs mois ont passé, et je suis tombé un jour sur notre amie commune. Je lui ai demandé des nouvelles de Fred et de son projet de livre. Mon amie s'est confondue aussitôt en excuses. Elle m'a expliqué qu'elle le connaissait depuis des années, mais avait été gênée plus d'une fois par sa manière d'invoquer son nom pour s'introduire auprès de quelqu'un et demander ensuite un service, comme si cela lui était dû. Elle m'a averti qu'il ne manquerait pas d'utiliser mon nom pour s'introduire auprès d'agents littéraires que je lui avais conseillés. Puis elle me dit qu'elle l'avait vu peu de temps auparavant et me donna de ses nouvelles. Il avait apparemment mis son projet de côté. Il avait effectivement appelé les deux agents que j'avais mentionnés, ainsi que deux autres, et il avait utilisé les noms de personnes qu'il « connaissait » pour se présenter. Comme c'était à prévoir, les agents lui avaient demandé de leur soumettre un synopsis en bonne et due forme. Ce qu'il n'avait toujours pas fait à l'heure où je parlais avec mon amie. Étonné, j'en ai demandé la raison à mon amie, car dans le business de l'édition, c'est déjà bien difficile d'obtenir qu'un agent accepte simplement de lire un synopsis. Et elle m'expliqua que Fred pensait que les agents auraient dû être plus excités par son idée et qu'ils auraient dû décider s'ils acceptaient ou non de le représenter sur la base de la description orale qu'il leur avait faite du livre. Il avait ajouté que l'écriture d'un livre, même d'un synopsis, demandait du temps et des efforts. Et il n'avait pas envie de le faire sans avoir plus d'assurances. Il pensait qu'on aurait dû lui signer un contrat et lui donner une avance sur droits avant qu'il accepte de consacrer un peu de son temps au projet.

Vous aurez compris que Fred est l'exemple classique de la manière dont une estimation exagérée de nos talents, de nos capacités et de nos compétences peut saboter nos efforts pour atteindre nos buts. Mais que cela soit dû au fait que nous nous surestimons ou sous-estimons, il ne fait pas de doute que plus notre connaissance et notre conscience de nous-même est grande, plus notre vision de nous-même colle à la réalité, plus nous serons heureux, tant dans notre vie professionnelle que privée.

7

Travail et identité

Dans la vie, peu de choses sont aussi désastreuses que la perte de son travail. Dans ce qui reste sans doute l'étude la plus poussée jamais réalisée sur la satisfaction dans l'existence, au cours de laquelle 169 776 personnes ont été interrogées dans seize pays différents, le politologue Ronald Inglehart a montré que le chômage est l'un des rares facteurs qui s'accompagnent d'une chute importante du degré de satisfaction dans la vie en général.

« Il semble clair que le chômage est lié au malheur, ai-je attaqué un après-midi. C'est un problème majeur partout dans le monde, et je me demandais si vous y aviez réfléchi.

— Vous savez, c'est seulement lorsque je me suis familiarisé un peu plus avec les sociétés occidentales que j'ai entendu parler pour la première fois de l'impact immédiat que le chômage a sur les familles et les individus. Et j'ai été un peu surpris, parce que je n'en avais jamais entendu parler jusque-là. En tibétain, nous n'avons même pas de mot pour chômage.

— Comment cela se fait-il ? ai-je demandé avec un certain étonnement.

— Eh bien, par exemple, lorsque nous nous parlons d'emploi ou de travail, nous faisons référence au type de travail de neuf heures à dix-sept heures, qui est le plus courant dans les pays occidentaux. Cette notion était totalement étrangère à la société tibétaine traditionnelle. Bien sûr, je ne parle pas des Tibétains qui vivent en Occident ou dans un cadre urbain. Mais dans la société tibétaine traditionnelle, les gens étaient des fermiers, des éleveurs ou des marchands. L'idée d'heures de travail fixes n'existait tout simplement pas. En Occident, les conditions économiques et les structures sociales sont telles que ces emplois sont une partie constitutive du concept de travail.

« Chez les Tibétains, du moins traditionnellement, les conditions économiques sont telles que l'idée même d'une journée de travail de huit heures n'est vraiment pas pertinente. Au Tibet, vous êtes ou bien agriculteur, ou bien nomade ou bien commerçant. Le travail est saisonnier. Puisque c'est à cela que les gens sont habitués, ils trouvent cela normal. Donc, si vous regardez les gens qui vivent ici à MacLeod Ganj[1], bon nombre d'entre eux sont à présent propriétaires de magasins et ont une activité marchande saisonnière de type traditionnel dans les villes indiennes. Durant la haute saison ils travaillent très dur et, lorsqu'ils ont fini, ils reviennent et ne font rien. J'ai suggéré autrefois qu'on mette en place un programme de travaux pour la saison basse comme le nettoyage de la laine, ou du coton, ou autre chose. Mais ma proposition n'a pas été suivie d'effet. »

---

1. McLeod Ganj est un village de montagne près de Dharamsala. C'est le siège d'une communauté d'exilés tibétains.

Il se frotta le menton comme perdu dans ses pensées.

« Bien évidemment, dans les sociétés modernes, et en particulier dans le monde industrialisé, cette question du chômage est une situation très difficile. Il soupira. Il n'existe pas de réponses faciles. Je ne sais pas. On n'a pas d'autre choix que de faire face et s'efforcer de trouver un nouvel emploi. Je ne vois pas d'autre solution.

« Mais, encore une fois, l'attitude fondamentale de l'individu joue ici aussi un rôle capital et peut faire la différence dans sa manière de réagir. Nous ne maîtrisons peut-être pas notre situation, mais nous contrôlons dans une certaine mesure l'attitude que nous adoptons. Donc, il faut d'abord comprendre que l'incertitude et le changement font partie de l'économie moderne, surtout en ce qui concerne l'emploi. C'est un problème sérieux, mais c'est un fait que nous devons accepter. Aujourd'hui, nous avons un travail, rien ne garantit que nous en aurons un demain. Si nous comprenons cela à l'avance, cela nous permettra peut-être de changer notre manière de réagir si cela nous arrive. Nous serons moins surpris. Nous comprendrons que la perte de notre travail résulte de nombreux facteurs.

Nous comprendrons que dans bien des cas elle est peut-être la conséquence de questions économiques globales. De cette manière, nous serons moins perturbés, nous le prendrons moins personnellement à cœur et aurons moins tendance à chercher quelqu'un à accuser. Cela peut suffire en soi à réduire notre agitation mentale. Bien sûr, je parle du chômage qui est dû à des causes globales, et non celui qui est la conséquence d'un licenciement pour incompétence.

« Les individus réagissent peut-être différemment aux défis du changement. L'important est de le reconnaître et d'essayer de trouver la meilleure manière de faire face au problème immédiat. Par exemple, si vous avez besoin d'un emploi pour gagner votre vie et si vous vous retrouvez au chômage, alors tous vos efforts devraient se concentrer sur la recherche d'un nouvel emploi, pour assurer votre survie. Mais deux réponses sont possibles. Une personne pourra se sentir démoralisée et se trouver en quelque sorte paralysée par des pensées désespérées. Mais une autre dans la même situation pourrait y voir une occasion de changer, un défi à relever. C'est une manière plus positive, plus active, de faire face au problème. Mais, bien sûr, ce n'est pas facile.

« Il peut y avoir d'autres moyens de soulager l'anxiété produite par cette situation, pour que toute l'énergie disponible puisse être consacrée à la recherche d'un nouvel emploi. Pour les bouddhistes, il existe certains processus de pensée et certaines attitudes qui peuvent aider, par exemple la croyance dans le karma et le fait qu'il faut en définitive assumer la responsabilité de son propre karma. Ce type d'attitude mentale est peut-être sans effet sur la résolution matérielle de la situation, mais au moins cela permet à l'individu de mieux endurer les effets psychologiques de la perte de son travail. Et, bien sûr, les adeptes d'autres systèmes religieux peuvent aussi trouver du réconfort dans leurs propres croyances.

« Je devrais mentionner en aparté que lorsque je parle de concepts comme le karma, si ceux-ci ne sont pas bien compris ils sont potentiellement dangereux. Parce que dans certains cas, des personnes n'ayant qu'une compréhension partielle de ce qu'est le karma peuvent devenir très fatalistes. Pour eux, le karma veut dire que ce qui arrive devait arriver de toute façon, dans la mesure où l'individu n'a rien à dire, rien à faire, ne joue aucun rôle particulier dans le cours de sa vie. Et si l'on a une telle interprétation, alors ces concepts religieux peuvent devenir véritablement ce que les communistes chinois voient dans la religion : un instrument des exploiteurs, parce que ceux-ci peuvent dire “ce que vous vivez en ce moment est ce que vous méritez, c'est dans votre karma”. »

Le dalaï-lama avait raison de souligner le danger potentiel d'une mauvaise compréhension du concept de karma, me suis-je dit. Chez les Occidentaux, j'ai souvent observé le phénomène qu'il décrivait : le penchant à rendre l'individu responsable de ses malheurs, ou à voir dans le karma le simple destin, associé à un sentiment de résignation et de désespoir. Si vous avez perdu votre travail, c'est de votre faute : vous avez dû faire quelque chose de vraiment pas bien dans une vie passée ; ou alors, j'ai perdu mon travail, mais je n'y peux pas grand-chose, c'est tout simplement mon karma. Ces idées fausses sont souvent dues au fait que la notion de karma est fondée sur la loi de la cause et de l'effet, la théorie selon laquelle notre situation actuelle est la conséquence de nos actions passées, dans cette vie ou dans une vie précédente. Mais ce que ces gens ne comprennent pas, c'est la composante *active* du karma. En fait, la racine sanscrite du mot karma veut dire « action ». Et de même que nos actions passées contribuent à notre situation actuelle, nos actions présentes peuvent changer notre avenir. En outre, le concept bouddhiste de karma est bien plus sophistiqué que l'idée que les gens s'en font en Occident. Par exemple, nos expériences actuelles résultent de l'interaction complexe de nos « actions » physiques, verbales et mentales passées. Des actes non vertueux du passé peuvent avoir contribué à jeter les bases de conséquences négatives, semé les graines du malheur futur. Mais les actions vertueuses et la motivation pure peuvent aussi permettre d'améliorer la manifestation de ces conséquences.

Donc, après une mise en garde contre les interprétations erronées du concept de karma, le dalaï-lama revint à la question qui nous occupait.

« Il y a un autre point important dont il faut tenir compte lorsqu'on se trouve dans ce type de situation, qu'il s'agisse de la perte de son travail mais également lorsqu'on part à la retraite. Cela a à voir avec l'image que l'on a de soi-même, et le fait que certaines personnes s'identifient à un point tel à leur rôle professionnel, voire à l'argent qu'ils gagnent, qu'ils ont le sentiment de ne plus exister lorsqu'ils perdent leur emploi. Ce sont des gens dont le système de valeur avait mis l'accent sur l'argent ou la célébrité plutôt que sur des valeurs intérieures, les qualités humaines fondamentalement bonnes. Donc, par exemple, au fil des ans j'ai pu rencontrer un certain nombre de hauts responsables indiens, et j'ai pu observer leurs différentes réactions face à la perte de leur travail ou à leur départ à la retraite. Parmi eux, certains avaient une identité fondée essentiellement sur leur position, et se réfugiaient en quelque sorte derrière leurs titres. Dans de nombreux cas, ils maltraitaient leurs subordonnés et prenaient grand plaisir à leur pouvoir et leur position, qu'ils utilisaient mal. D'un autre côté, j'ai connu des individus dont l'identité semblait fondée davantage sur des qualités et des caractéristiques humaines fondamentales – l'honnêteté, l'humilité – et ils traitaient leurs subordonnées en conséquence. Et j'ai vu ce qui se produit lorsque ces personnes perdent leur travail. En général, ceux qui appartiennent à la première catégorie ne s'en tirent pas très bien. Ils sont abandonnés par ceux qu'ils ont maltraités, et lorsqu'ils n'ont plus leur travail, c'est presque comme s'ils diminuaient physiquement de taille. Ils n'ont plus d'estime de soi. Les autres, par contre, négocient assez bien la transition. Ils sont toujours respectés par les autres et se respectent eux-mêmes, ils ont toujours confiance en eux, et voient dans leur future retraite une occasion d'explorer de nouvelles pistes. Ils réagissent à la situation avec plus d'enthousiasme. Ils veulent essayer de réaliser ce qu'ils ont toujours eu envie de faire sans jamais en avoir le temps. Donc, chacun semble réagir très différemment aux mêmes circonstances et situations.

— Je comprends très exactement ce que vous voulez dire, lui ai-je répondu. Lorsque je pratiquais la psychothérapie, j'avais des patients qui avaient perdu leur travail ou pris leur retraite, et cela pouvait parfois les faire plonger dans la dépression. J'ai vu des P-DG puissants qui perdaient leur poste et, si leur identité était essentiellement construite autour de leur travail, ils devenaient des sortes de fantômes vivants. Donc, si vous deviez donner un conseil, que diriez-vous ? Que recommanderiez-vous à ceux qui s'identifient très fortement à leur travail ?

— Je leur dirais qu'ils sont vraiment idiots ! répondit-il dans un éclat de rire. Il n'y a pas grand-chose d'autre à dire à des gens qui ne sont pas disposés à changer vraiment fondamentalement. La manière avisée d'éviter non pas le problème de la perte de son emploi mais l'agitation mentale qui l'accompagne est, dans ce cas, d'élargir son image de soi, de se voir d'abord en tant qu'être humain, capable d'amitié, de gentillesse, puis de comprendre que l'on exerce d'autres rôles qu'un rôle professionnel : on peut être un parent, un fils, un frère, on peut avoir des hobbies. Ce qui est nécessaire, c'est une approche plus équilibrée de la vie. Tout n'est pas une question de rang ou de salaire.

« Donc, lorsque vous cherchez du travail, ou si vous avez un travail, il faut garder à l'esprit le fait qu'un être humain n'est pas une machine simplement destinée à produire. Non.

« La vie humaine, ce n'est pas simplement le travail, comme dans la vision communiste où le but de chacun est de travailler pour l'État, où il n'y a pas de liberté individuelle, là où l'État organise même les vacances des individus et planifie toute leur existence. Ce n'est pas une vie pleinement humaine. L'individualité est très importante pour une vie pleinement humaine, et donc un peu de temps libre, un peu de vacances et un peu de temps passé en compagnie de sa famille ou de ses amis. C'est ainsi que l'on peut avoir une vie bien remplie. Quelqu'un qui ne pense qu'à l'argent au détriment des autres valeurs humaines, des bonnes qualités humaines, non, non, non ! »

Il avait haussé la voix.

« Si votre vie n'est qu'un moyen de production, alors bon nombre des bonnes caractéristiques et valeurs humaines sont perdues et vous ne pourrez pas être une personne complète.

« Donc, si vous cherchez du travail et devez choisir entre plusieurs possibilités, choisissez celle qui vous permet d'être créatif et de passer du temps avec votre famille. Même si cela veut dire gagner moins, je pense personnellement qu'il vaut mieux choisir l'emploi le moins exigeant, celui qui vous donne davantage de liberté pour lire, participer à des activités culturelles, ou simplement jouer. Je pense que c'est le meilleur choix. »

Comme toujours, le dalaï-lama avait conclu sur une notre pratique. Mais il n'est pas toujours facile de mettre en application des conseils. On oublie facilement ce qui rend la vie vivable. Il vaut mieux ne pas s'investir entièrement dans son travail, mais ce conseil n'est pas toujours facile à suivre.

Cela me rappelle un cas dont j'ai eu à m'occuper lorsque j'exerçais la psychiatrie. Un P-DG très connu de l'industrie du spectacle avait décidé un jour qu'il ne pouvait plus continuer à travailler dans l'importante société qu'il avait fondée. Elle avait été revendue quelques années plus tôt à une multinationale. Il n'était plus le grand patron, et se sentait tenu de plus en plus à l'écart des grandes décisions. Un jour, la société mère acheta une autre entreprise qui allait influer négativement sur les résultats de son propre secteur. Il eut l'impression que son rang et son pouvoir dans la compagnie s'étaient évaporés, et il démissionna.

Il est difficile d'avoir une conversation avec cet homme sans que cela ne devienne une séance de rabâchage sur ses ex-collègues et l'état déplorable de l'industrie du spectacle. Dépossédé de son pouvoir et de ses attributs, il n'est plus rien. Il est incapable d'apprécier son rôle dans sa communauté, à laquelle il a pourtant grandement contribué lorsqu'il était P-DG en mettant en place des prix et des bourses d'étude. Il est incapable d'apprécier son poste de professeur à temps partiel dans une université réputée. Il est incapable d'apprécier le bonheur qu'il apporte à ses amis et sa famille. Comment peut-il progresser lorsqu'il perd le rôle auquel il s'est exclusivement consacré pendant la majeure partie de sa vie ?

Cela est certes plus difficile à faire lorsqu'on est en fin de carrière. Hélas, cet homme s'était tellement identifié à son travail que la thérapie n'avançait pas vraiment. J'étais incapable de lui proposer autre chose que des médicaments pour soigner sa dépression. Mais certaines stratégies permettent pourtant d'élargir son identité au-delà de son travail si l'on s'y prend un peu à l'avance. Une de mes amies m'a décrit celle qu'elle utilise depuis de nombreuses années. « J'étais parvenue à un stade dans ma carrière où toute ma vie gravitait autour de mon travail. J'avais le moral lorsque les affaires marchaient, et je flippais lorsque ce n'était pas le cas, et toute ma vie sociale venait en dernière position. J'ai eu toute une série de promotions et, à mesure que je grimpais, tout devenait plus compétitif. J'ai commencé à avoir du mal à dormir, et mon humeur était exécrable parce que j'étais tellement inquiète à l'idée de rater ma carrière. J'avais de véritables crises d'angoisse. Je m'étais perdue moi-même et je me devais de faire quelque chose. Je devais me désinvestir de mon travail. J'ai donc commencé à imaginer tous les jours à quoi ressemblerait ma vie si on me licenciait. J'ai pensé à ce que serait l'entretien de licenciement avec mon patron, à la manière dont mes collègues me traiteraient ensuite (comme si j'étais pestiférée, j'en étais sûre), aux personnes qui resteraient mes amies ou qui me laisseraient tomber comme une vieille chaussette dès lors que je ne serais plus dans une position de pouvoir. Je pensais à ce que serait la recherche d'un autre boulot. J'imaginais que je ne parviendrais peut-être pas à trouver du travail dans mon secteur et que je me retrouverais serveuse dans un restaurant, ou un truc dans le genre.

« Après des années passées à faire cela, j'ai commencé à comprendre que je perdrais peut-être du prestige et de l'argent, mais que je serais toujours capable de gagner ma vie, et j'ai commencé à me détendre. Je me suis rappelé que j'étais une amie, une sœur, une épouse, une tante et un mentor pour des jeunes gens, des rôles qui étaient tout aussi importants que mon travail. Cela m'a permis de devenir plus créative dans mon travail. Je n'avais plus peur de le perdre, et donc je m'exprimais plus librement et je pris des risques qui se sont avérés payants. »

Il est bien de garder à l'esprit ce qui en vaut réellement la peine, et nous devons peut-être nous y exercer régulièrement, avant de nous investir corps et âme dans notre rôle professionnel.

Jusqu'ici, nous nous étions concentrés dans nos entretiens surtout sur l'analyse de nos attitudes implicites envers notre travail. Mais en abordant la question de la perte de celui-ci, nous étions passés d'un point de vue interne à un point de vue externe. Au cours de notre rencontre suivante, nous avons abordé la question du travail que l'on fait et de l'impact que celui-ci a sur le monde qui nous entoure.

8

La bonne vie

Je déjeunais récemment avec un ami, un jeune acteur. Comme beaucoup de comédiens, il ne roule pas sur l'or et se démène comme un beau diable, toujours à la recherche de son premier grand rôle.

« J'adore mon métier, me déclara-t-il avec enthousiasme. Bien sûr, il ne me permet pas encore de gagner ma vie, mais je n'en changerais pour rien au monde. C'est ma vie. »

De toute évidence, il avait trouvé sa vocation. Le veinard.

« Qu'est-ce qui te plaît le plus dans le fait d'être acteur ?

— De pouvoir m'exprimer.

— Mais exprimer quoi ?

— Tout. J'exprime mes émotions – dans mon métier je peux utiliser tout ce que j'ai vécu, tout ce que j'ai ressenti. Il n'y a rien de tel que de se retrouver sur scène et d'exprimer tout cela pour les autres. C'est extraordinaire. »

Cette conversation me rappelait le temps de ma jeunesse, quand j'avais décidé d'être artiste. J'ai fait des études d'arts plastiques et au bout de quatre ans j'ai obtenu mon diplôme. J'étais passionné. J'ai appris le dessin et la gravure, mais ce que je préférais, c'était l'art conceptuel. Je passais de longues heures à ramasser des objets au hasard, que je m'ingéniais ensuite à découper, coller, agrafer, coudre et souder en des assemblages compliqués, autant de chefs-d'œuvre immortels – du moins l'étaient-ils à mes yeux. J'étais souvent en état de fluidité, absorbé par ce que je faisais au point de perdre toute notion du temps, et travaillais tard dans la nuit. Quand je ne créais pas, je traînais dans les cafés et les bars avec mes amis artistes (ou artistes en herbe), où nous discutions des grandes questions de l'art et de la vie, car chacun de nous cherchait son mode d'expression. Mais, bien sûr, notre style original unique était influencé par celui d'autres artistes, eux-mêmes influencés par ceux d'autres artistes encore, et ainsi de suite. Nous vivions sur une île, et nos œuvres regorgeaient de références à des détails culturels, faisaient ironiquement référence au travail des autres, autant de clins d'œil incompréhensibles pour le profane mais pleins d'un sens caché – tellement caché, en fait, qu'il en devenait invisible à nos propres yeux.

Une année, une de mes œuvres a été sélectionnée pour un salon. J'étais très excité. Lors du vernissage, je me tenais debout à côté de mon œuvre, anxieux de connaître ce qu'on en penserait ; j'attendais ces félicitations dont j'étais certain qu'elles seraient au rendez-vous.

Une femme forte, d'un certain âge, portant des lunettes aux verres épais comme des fonds de bouteille, une robe à fleurs délavée, de grosses chaussures à semelles épaisses et un grand filet à provisions, s'arrêta devant mon œuvre pendant un bon moment. Elle avait l'air légèrement perplexe, comme si elle s'était égarée en se rendant à sa partie de bingo et se demandait ce qui l'avait amenée là.

« C'est vous, l'artiste ?

— Ouaip. »

Hochant la tête vers mon chef-d'œuvre, elle demanda :

« Qu'est-ce que ça veut dire ?

— Rien de particulier. C'est juste quelque chose que j'ai fait comme ça. »

Je le pensais sincèrement. Comme la plupart de mes amis, je ne recherchais jamais le message précis ou la signification cohérente que je m'efforçais de communiquer. Nos œuvres n'étaient pas destinées à instruire ou à édifier. C'étaient des assemblages d'images qui, pour un motif ou un autre, faisaient vibrer une corde sensible chez l'artiste. La signification venait ensuite ; c'était au spectateur d'y voir un sens ou non. C'était un commentaire puissant sur le courage existentiel post-moderne dans la bataille contre les cris incessants d'acariens norvégiens pétris d'angoisse. L'interaction radicale éternelle entre l'espace de cornes de défense polaires. Un truc jaune vraiment cool posé sur un truc à poil orange. Quelle importance ? Tout ce que l'artiste recherchait, c'était de susciter une émotion dans son public. L'émotion précise importait peu – cela pouvait être de l'inspiration, dc la joie, du rire, de la tristesse, de l'angoisse, de la peur, du dégoût, de la colère. Faites votre choix. Nous nous en moquions – mais j'avoue que le dégoût et la colère faisaient partie de nos émotions préférées.

La dame continua.

« Puis-je vous poser une question ?

— Bien sûr.

— J'aime vraiment votre travail. Je veux dire, c'est vraiment intéressant et... »

J'étais tout ouïe.

« Comprenez-moi bien, je ne veux pas vous vexer, mais, au fond, quel est l'intérêt de tout cela ? »

Sa question ne risquait pas de m'inspirer de l'affection à son égard, et n'importe qui se serait senti remis en cause. De fait, je ne m'étais jamais vraiment posé la question.

« Heu... Je ne sais pas. Je haussai les épaules, à court de mots. Mais je suis heureux que cela vous plaise. » Et je m'éloignai comme si elle avait été contaminée par le virus Ebola.

Peu de temps après, j'ai abandonné la carrière artistique pour m'inscrire en médecine (en fait, c'est seulement des années plus tard que j'ai enfin compris l'importance de l'art pour notre société).

« Hier, vous avez cité certains facteurs dont on doit tenir compte – du moins si c'est possible – en choisissant son emploi. Aujourd'hui, j'aimerais que nous poursuivions notre discussion sur le choix d'une carrière, sur l'attitude envers son travail en tenant compte de la nature spécifique de ce travail.

« Pendant la majeure partie de l'histoire de l'humanité, les gens n'ont pas vraiment eu à choisir le type de travail qu'ils souhaitaient exercer. Ils naissaient et ils faisaient ce que leurs parents faisaient avant eux, peut-être cultiver la terre, élever du bétail, ou de l'artisanat. Donc, historiquement, ils n'avaient pas vraiment beaucoup de choix, ils naissaient pour ainsi dire dans un certain métier. Les choses ont commencé à changer au cours du XIXe siècle en Europe, lorsque les jeunes ont commencé à abandonner les fermes pour rejoindre les grandes villes. Ce changement s'était rapidement accéléré au cours des cinq siècles passés. Aujourd'hui, en Occident, il existe une incroyable variété d'emplois. Mais dans de très nombreux endroits du globe, il existe des millions, voire des milliards de personnes qui ont encore un choix très limité, des gens qui vivent dans des régions rurales et dans les pays les plus pauvres.

« Depuis quelques dizaines d'années, lorsqu'on offre aux gens de choisir entre plusieurs types de travail, ils ont souvent tendance à prendre celui qui paye mieux. C'est le principal facteur de choix. Hier, vous en avez mentionné quelques autres qui pourraient entrer en ligne de compte, comme par exemple de choisir un travail un peu moins rémunérateur mais qui vous laisse plus de temps pour votre famille ou vos amis. Ma question est donc la suivante : avez-vous l'impression qu'il existe d'autres facteurs dont les gens devraient tenir compte en choisissant un travail, des facteurs que vous n'avez peut-être pas mentionnés hier ? »

Le dalaï-lama but une gorgée de thé et répondit :

« Si une personne peut choisir son emploi, alors il vaut mieux en règle générale qu'elle choisisse un travail en accord avec ses dispositions et son tempérament particulier. Pour cela, il faut de la compréhension de soi, de la conscience de soi. Nous en avons parlé l'autre jour. Comme je l'ai dit, une personne sera moins frustrée dans son travail, davantage satisfaite, si elle sait évaluer avec précision ses compétences techniques et son habileté dans le domaine requis.

— C'est vrai, ai-je acquiescé, et en ce sens il existe aussi des conseillers professionnels qui peuvent aider les personnes à découvrir leurs talents naturels, et le travail qui leur conviendrait le mieux. Mais je me demande si, d'un point de vue personnel ou peut-être d'un point de vue bouddhiste, il existe d'autres considérations à part le salaire ou les points forts de sa personnalité, dont on doit tenir compte en choisissant un travail qui assure plus de bonheur, et un bonheur plus durable ?

— Oh oui, répondit-il aussitôt. Cela ne s'applique peut-être pas facilement à tout le monde, mais un facteur qu'il serait très utile de prendre en considération est le bien ou le mal causé par le travail que l'on fait. D'un point de vue bouddhiste, nous parlons de la "bonne vie". Ce concept bouddhiste signifie que vous vous efforcez d'entreprendre des activités qui ne sont pas potentiellement nuisibles pour d'autres, directement ou indirectement. La mauvaise vie est souvent décrite comme tout moyen de subsistance qui implique l'exploitation d'autrui pour des motifs négatifs comme la ruse et la tromperie. Dans la mauvaise vie, vous vous saisissez de ce qui appartient aux autres. Pour le profane, si ce que vous faites pour vivre est sans conséquences négatives directes ou indirectes pour autrui, alors vous menez une bonne vie. Ce sur quoi le Bouddha semble avoir insisté, c'est de gagner votre vie, avec un sens éthique, sans faire de mal à autrui, et en agissant ni avec ruse ni par tromperie. Il semblait s'intéresser davantage à la manière de gagner sa vie, plutôt qu'à ce que vous gagnez.

— Vous mentionnez qu'il est important d'évaluer les bienfaits et les méfaits potentiels de votre travail, dis-je en reformulant ses propos. L'autre jour vous avez dit qu'un des moyens pour faire de votre travail une vocation était d'analyser son effet global. Supposons qu'un individu commence à s'ennuyer et qu'il décide de considérer de manière systématique les implications globales de son activité. Au lieu de rester devant la chaîne de montage, à appuyer sur les mêmes boutons à longueur de journée, il commence à envisager la contribution de ses actions à la société, de manière à pouvoir ressentir davantage d'enthousiasme pour son travail et se sentir mieux. Il commence donc son analyse, mais ce faisant il découvre que son travail nuit à l'environnement. Ou que ce qu'il fabrique sert à fabriquer des armes. Il se rend compte que son travail est davantage destructif que productif. Et en même temps, comme il n'a peut-être pas beaucoup d'argent, il ne peut pas simplement démissionner et en chercher un autre, parce qu'il a une famille à nourrir et que les emplois sont rares dans la région. Que diriez-vous de cette situation en termes de votre définition de la "bonne vie" ? »

Le dalaï-lama demeura silencieux pendant un bon moment, comme s'il retournait la question dans son esprit.

« C'est une question très compliquée. Il y a tant de facteurs différents en jeu qu'il est difficile de donner une seule bonne approche du problème. D'un côté, si ce que vous faites participe de la production d'armes, si vous considérez le but premier d'une arme, alors vous ne pouvez pas ne pas percevoir qu'il s'agit de moyens de destruction, de tuer des gens. Mais d'un autre, si vous considérez le tableau du point de vue global de la société, à moins d'un changement fondamental, des armes sont nécessaires pour sa défense. Tant qu'il existe des régimes totalitaires comme en Chine qui sont contre la démocratie, je pense que le pouvoir militaire américain est inévitable. Mais si le président utilisait son pouvoir militaire pour détruire ou éliminer un seul individu, par exemple le chef d'un régime totalitaire dangereux, je ne sais pas si cela serait approprié ou non. Je ne sais pas. C'est une question très compliquée.

« La question est de savoir comment un individu donné réagirait à ce problème, et c'est une question complexe. D'un côté, il est vrai que la production d'armes est destructrice, mais d'un autre côté, les nations ont besoin d'armes pour leur bien-être et la sécurité globale du monde. Par exemple, certains pays européens produisent des armes, mais les utilisent essentiellement à des fins défensives et n'en abusent pas. Encore une fois, la question est de savoir si les dirigeants de ces pays agiront de manière responsable dans l'emploi du pouvoir militaire qu'ils ont à leur disposition. Ce sont des questions très complexes. Pour un individu qui a des doutes moraux sur sa participation à une telle entreprise, dans quelle mesure il est sage pour lui renoncer à son travail, et dans quelle mesure cela sera efficace, c'est une question ouverte. Que cet individu décide ou non de démissionner sera peut-être sans importance. C'est comme cette histoire qu'on raconte sur une vieille femme tibétaine qui était tellement en colère contre le gouvernement qu'elle lui a tourné le dos pendant quelques années en signe de protestation – ce qui n'a pas été d'un grand effet pratique !

— Donc, vous dites qu'il serait acceptable pour eux de conserver leur travail parce que leur démission et la perte de leur moyen de subsistance ne changeront pas grand-chose ? ai-je demandé, non sans un accent de surprise. Défendait-il l'idée que les gens continuent à travailler dans des emplois moralement discutables ?

— Ce n'est vraiment pas évident, Howard. Je ne peux dicter sa conduite à chacun. Bien sûr, cela dépend beaucoup de l'individu. Certains auront des réticences plus fortes, peut-être à cause de leur foi. C'est très délicat pour un bouddhiste qui a fait vœu de ne pas faire de mal. Disons qu'il s'agit d'un bouddhiste, et qu'il est manifestement préférable d'un point de vue éthique pour cette personne de reconnaître le potentiel destructeur de l'action à laquelle il participe. Si bien sûr l'individu sait que sa démission ne changera pas grand-chose, il devra alors prendre en compte les conséquences de sa démission : perte de son moyen de subsistance, souffrances de sa famille.

« Jusqu'ici nous parlions du cas d'une personne capable de choisir le travail qu'elle veut faire, et donc choisir une position dans laquelle elle ne fera pas de mal à autrui, directement ou indirectement ; d'accord. Mais ici nous parlons d'une personne qui a déjà un travail et qui découvre que celui-ci est indirectement responsable de souffrances infligées à d'autres personnes. Ici, il faut considérer les situations au cas par cas, il faut voir la nature et le degré de la souffrance infligée, les valeurs de la personne, et ainsi de suite. Les différences individuelles interviennent alors.

— Tout comme il existe des différences individuelles dans les attitudes envers le travail, votre expérience vous porte-t-elle à penser qu'il existe des différences culturelles ? Pensez-vous qu'il existe des attitudes orientales ou asiatiques différentes des attitudes occidentales ? Par exemple, les Tibétains considèrent-ils le travail différemment des Américains ou des Européens, ou d'autres cultures ?

— D'abord, je pense qu'il est dangereux de généraliser, me rappela le dalaï-lama. Dire que tous les Orientaux sont comme ci et tous les Occidentaux comme ça, comme si tous les gens d'une région étaient identiques. Mais cela étant, tout comme il existe des différences individuelles, il peut exister des différences locales, nationales, régionales et culturelles dans les attitudes des gens envers le travail. Par exemple, en Inde il existe des emplois considérés comme dévalorisants, serveur de restaurant par exemple, et cette attitude vaut aussi pour les Tibétains qui vivent en Inde. Je connais des Tibétains qui travaillaient dans des services gouvernementaux, qui n'auraient pas pu envisager de travailler dans un restaurant en Inde. Mais lorsqu'ils ont émigré aux États-Unis, ils étaient même prêts à faire la plonge, et ils étaient tout à fait heureux. Ils ne se sentaient gênés que lorsque d'autres Tibétains entraient dans le restaurant. C'est parce que ce type de travail n'est pas aussi mal considéré en Amérique, et cela montre comment la culture environnante peut influer sur le sentiment de satisfaction dans son travail.

— Je ne suis pas vraiment sûr que ces emplois ne soient pas considérés comme dévalorisants aux États-Unis. Vous êtes jugé, dans une large mesure, sur le rang social de votre travail.

— Mais en Inde c'est bien pire. Les préjugés sont bien plus forts contre ce type de travail. Et je pense que dans une société capitaliste comme en Amérique, on est davantage jugé sur ce que l'on gagne que sur ce que l'on fait. Donc, si les plongeurs dans les restaurants gagnaient beaucoup, ce travail ne serait pas considéré comme dévalorisant. C'est l'argent qui est le facteur déterminant. En Inde et dans d'autres pays, il existe un préjugé contre la nature du travail, le fait d'être dans une position de serviteur. L'accent mis sur la liberté et l'égalité en Amérique atténue dans une certaine mesure les préjugés contre ce type de travail, dans la mesure où il s'agit de travail honnête.

« Donc, chez vous, l'être humain est plus important que son emploi. Par exemple, lorsque j'ai rendu visite au président Carter chez lui, il y avait un gardien à l'extérieur, mais chez lui c'était très simple, très direct, il s'occupait lui-même de la cuisine et de toutes les autres tâches de la maison. Le président Havel m'a reçu chez lui très simplement, il répond lui-même à la porte. En Inde, il est inimaginable qu'un ancien président n'ait pas des serviteurs pour tout cela. Pour cuisiner, faire une tasse de thé. Ces tâches sont trop méprisables pour un haut responsable indien. C'est donc une attitude culturelle.

« Je pense que même en Asie il existe des différences culturelles entre les attitudes envers le travail des Japonais, des Chinois et des Tibétains. Aujourd'hui au Tibet, les Chinois semblent se préoccuper plus de l'argent, alors qu'un Tibétain pourra se faire payer en argent, mais acceptera également du bang[1] ou des services en paiement. Prenez un tailleur chinois et un tailleur tibétain. Tous deux doivent gagner de l'argent pour vivre ; le tailleur chinois travaillera jour et nuit pour

1. Bière d'orge tibétaine.

gagner de l'argent et encore plus d'argent. Alors que chez les Tibétains je pense que l'argent en soi est moins important. Ils préféreront gagner moins et avoir plus de temps pour leur famille. Bien sûr, le travailleur chinois deviendra peut-être plus riche, mais même s'ils ne deviennent pas riches, les Tibétains ne semblent pas désireux de sacrifier en particulier leur vie de famille pour gagner plus d'argent. Leur vision de l'existence est davantage basée sur le contentement global.

« C'est intéressant que vous ayez évoqué la question des différences culturelles, parce que la manière d'aborder son travail et la nature de l'emploi varient d'une culture à l'autre. Par exemple, dans les pays plus chauds, où les fruits et les légumes sont plus abondants, où le climat est clément, il est plus facile de cultiver la terre, les gens ont peut-être une approche plus détendue de l'existence. Ils accordent peut-être davantage d'importance au temps libre et ont des journées de travail plus courtes. Mais dans des pays froids, lorsque la survie est bien plus pénible, les habitants ont développé des voies navigables, et puis l'industrie, la science, la technologie. C'est du moins ce que je pense.

« En tout cas, pour ce qui est de nos entretiens, il est important de garder présent à l'esprit que nous discutons du travail du point de vue des sociétés industrielles modernes. Certaines questions abordées ne seraient peut-être pas pertinentes pour d'autres cultures, par exemple la société tibétaine traditionnelle.

— C'est bien possible, mais même si les attitudes occidentales ne s'appliquent pas à la société tibétaine, je me demande si certains aspects de l'attitude tibétaine ou certaines pratiques ne pourraient pas s'appliquer à notre société et devenir utiles en Occident. Par exemple, vous avez mentionné le concept bouddhiste de la bonne vie. Le Tibet était un pays totalement bouddhiste, et je m'interrogeais sur l'intégration de ces principes dans cette société, par exemple la pratique de choisir un travail sans effets néfastes. Je suppose que ce devait être une considération fondamentale lorsqu'on choisissait un travail ?

— Dans la société traditionnelle, la plupart des gens faisaient automatiquement le travail que pratiquait leur famille : ils étaient agriculteurs, nomades, marchands, etc. Mais certaines personnes avaient un métier qui ne respectait pas le principe de non-souffrance, parce qu'il y avait entre autres des bouchers, des forgerons qui fabriquaient des épées. Ces métiers étaient en général héréditaires. »

Résistant à son invitation à dissiper ma vision d'un monde parfait, dans lequel chacun s'adonnait à un métier non violent, je poursuivis :

« À propos du travail et de la notion de non-nuisibilité, j'ai lu quelque part, je crois même que c'est dans un de vos livres, qu'il y avait une règle au Tibet selon laquelle on devait vérifier pour toute nouvelle invention qu'elle était bénéfique ou du moins qu'elle n'imposait pas de souffrances pour au moins sept générations... »

Le dalaï-lama eut l'air surpris :

« Je n'en ai jamais entendu parler. »

Ce fut à mon tour d'avoir l'air surpris :

« Ce n'est donc pas vrai ? On vous l'a pourtant attribué ! »

Il haussa les épaules et rit :

« Je ne sais pas qui a écrit ce livre, mais c'était peut-être un de ces soi-disant experts du Tibet. Certains de ces experts occidentaux sur le Tibet savent des choses que même les Tibétains ne savent pas ! Mais il est vrai que des gouvernements tibétains ont adopté certaines pratiques et politiques qui reflétaient la mise en pratique de certains principes bouddhistes, comme le respect du monde naturel, en particulier du monde animal. Par exemple, toutes les communautés qui vivaient sur les rives du lac Yamdok dépendaient de la pêche pour leur survie. J'ai longtemps cru qu'elles avaient une dispense pour pêcher, mais il y a peu j'ai entendu parler d'une décision prise sous le cinquième dalaï-lama, qui visait à les décourager de pêcher et que pour compenser leur perte, d'autres communautés se regroupaient pour leur fournir la valeur équivalente en grain. De même, dans la région du mont Kailash se trouve le lac Mansovar, autour duquel à un certain moment de l'année beaucoup d'oiseaux migrateurs nidifient, et il semble qu'on ait pris autrefois la décision de nommer des gens qui pendant cette période surveillaient les œufs et veillaient à leur sécurité. Bien sûr, il y en avait sans doute qui touchaient un salaire pour ce travail et mangeaient aussi quelques œufs. Cela est inévitable. Mais dans l'ensemble, il y avait cette attitude de non-souffrance.

« Donc, même si les Tibétains n'appliquaient pas toujours ce principe dans leur travail – comme je l'ai dit, il y avait des bouchers, car les Tibétains mangent de la viande dans l'ensemble, et il fallait donc bien abattre des bêtes –, le principe était quand même profondément inscrit dans l'esprit des gens.

« Je pense qu'on pourrait l'appliquer en Occident. Selon moi, il est bon de réfléchir sérieusement au type de travail que l'on fait et à son impact sur les autres. Dans le monde moderne, en particulier, et encore plus dans les nations industrialisées où de nombreuses personnes ont la possibilité de choisir leur travail, il vaut mieux choisir celui qui ne fait pas de mal à autrui, qui ne les exploite pas et n'abuse pas d'eux, directement ou indirectement. Je pense que c'est la meilleure chose à faire. »

Le dalaï-lama ajoutait ainsi une dernière composante à notre quête du bonheur dans le travail, un facteur essentiel : prendre en compte son impact sur autrui et veiller à ce qu'il ne lui nuise pas.

Nous avions parlé plus tôt des différentes attitudes que l'on peut adopter envers son propre travail, comment ceux qui l'envisagent comme une vocation sont de toute évidence plus heureux dans leur activité professionnelle. Ceux qui l'aiment, ceux qui sont absorbés par lui, qui l'intègrent pleinement à leurs valeurs, ceux qui continueraient à l'exercer même si on ne les payait plus dans la mesure où ils pourraient se le permettre, ces gens-là ont une vocation. Ce qui leur permet de contribuer au bien-être du monde et de la société. Et pourtant, selon le dalaï-lama, le simple fait d'avoir une vocation pour son travail ne suffit pas à assurer notre bonheur à long terme. Pourquoi ? Imaginons un pirate informatique de haut vol au travail, il pénètre dans les systèmes sécurisés pour voler l'argent des autres et expédie en passant des millions de virus informatiques. Cet individu aime sans doute ce qu'il fait, et se trouve sans doute souvent en état de « fluidité ». Il surmonte de véritables défis en utilisant toutes ses capacités et ses compétences, sa créativité et son ingéniosité. Les ordinateurs sont toute sa vie, et son travail correspond sans doute parfaitement à ses valeurs intérieures, dans le cas présent un système de valeurs fondé sur la philosophie qui dit : « Va te faire voir, je prends ce que je veux ! Celui qui a le plus de jouets gagne ! » Et ses efforts ont certainement un impact plus vaste, dans la mesure où il sème la pagaille dans des millions de vies alors que les ordinateurs tombent en panne à travers le monde. Cet homme a une vocation. Tout comme bien des criminels, escrocs et autres voleurs professionnels, qui aiment tellement ce qu'ils font qu'ils sont incapables de faire autre chose, sauf si le système juridique les y oblige ou s'ils ont la chance de voir leur point de vue et leurs valeurs intérieures profondément et totalement transformés. Il est même certain que les SS à Auschwitz avaient une vocation pour leur travail, et qu'ils considéraient que ce qu'ils faisaient contribuait au bien-être de la planète.

On ne peut pas nier que ceux qui font délibérément un travail qui fait du mal aux autres ressentent des sentiments temporaires de satisfaction. Mais du point de vue du dalaï-lama, les états mentaux qui conduisent à des activités destructrices ou nuisibles, des états mentaux comme l'avidité, l'hostilité, la colère, ou même la haine, sont tout simplement incompatibles avec le bonheur à long terme de l'individu.

Bien sûr, l'exemple des activités criminelles ou génocidaires est peut-être le plus extrême, et comme le dit souvent le dalaï-lama, la vie est complexe, et il existe sans doute des degrés dans le bien ou le mal qui découle du travail que l'on fait, et ces degrés sont parfois bien subtils. Mais pour assurer notre bonheur à long terme, nous devrions commencer par cultiver une certaine conscience de l'impact de notre activité sur les autres. Au fil des ans, j'ai remarqué que l'on demande parfois au dalaï-lama de résumer sa philosophie en un seul principe fondamental. Et voici ce qu'il répond à cette question difficile : « Si vous le pouvez, mettez-vous au service des autres. Sinon, abstenez-vous de leur faire du mal. » Si nous pouvons appliquer ce principe dans notre travail, alors nous aurons fait un grand pas vers le bonheur dans notre travail.

9

Le bonheur dans le travail

C'était notre dernier rendez-vous. Nous avions passé une semaine à explorer la nature du travail, à identifier certaines des sources les plus courantes d'insatisfaction et à offrir quelques stratégies que les personnes pourraient utiliser pour rendre leur expérience du travail plus satisfaisante.

Alors que je gravissais l'étroit sentier boueux qui menait jusqu'à la demeure du dalaï-lama, je croisai des commerçants et des marchands qui s'affairaient à leurs tâches quotidiennes, et je ne pus m'empêcher de penser qu'ici comme à Phoenix, dans l'Arizona, nombre d'entre eux passaient la moitié de leur journée à travailler. Et même plus, parfois. Mais une question restait sans réponse. Quelle était la place du travail dans notre quête globale du bonheur? Dans quelle mesure la satisfaction dans le travail affecte-t-elle notre contentement global, notre bonheur?

Ouvrant notre dernière séance, je passai en revue ce que nous avions fait :

« Cette semaine, nous avons beaucoup parlé du travail, de nos attitudes envers le travail et de certains facteurs qui peuvent influencer notre bonheur. Puisque c'est notre dernière rencontre, du moins pour le moment, j'aurais aimé parler du lien entre le travail et le bonheur. Autrement dit, quel rôle joue le travail productif dans la réalisation d'une vie heureuse ? Dans quelle mesure contribue-t-il à notre satisfaction et à notre épanouissement ? Et je veux parler de tout type de travail, l'idée générale d'une activité productive qui pourra aider à façonner ou aura un impact sur le monde qui nous entoure.

— Très bien, répondit le dalaï-lama, hochant la tête en signe d'approbation. Mais je pense que si nous nous entretenons du travail et de l'activité productive, nous devons d'abord chercher à comprendre ce que nous entendons par activité productive. Nous devrions nous assurer que nous sommes bien d'accord sur une définition commune.

— Cela me paraît être une bonne idée.

— Donc, si je vous comprends bien, poursuivit-il, lorsque vous avez mentionné la notion d'activité productive, cela semblait expliquer une activité de type externe.

— Dans un sens, oui.

— Mais, pour moi, le développement intérieur est une activité productive. Et cela nous mène à la question de la définition du travail. Quelle est donc votre définition d'une activité productive ? »

Je n'avais pas réfléchi à une définition précise, et sa question me prit au dépourvu. Comme je m'efforçais de trouver une définition appropriée, je ne répondis pas immédiatement, et il poursuivit :

« Prenons mon exemple. Je suis un moine ordinaire. Cela pose la question de savoir si mon travail peut être défini comme étant "productif" dans la perspective moderne, occidentale. Il est certain que bon nombre de mes activités, en particulier celles qui ont un rapport avec ma pratique spirituelle et mon rôle de dalaï-lama, seraient considérées comme non productives par les communistes.

« C'est pour cela que je m'interroge sur les attitudes occidentales envers les moines et les nonnes. Ils ont une vraie connaissance et la mettent en pratique sincèrement dans leur vie quotidienne. Considérez-vous cela comme un travail productif ?

— En Occident, de manière générale, s'il s'agit d'un moine qui passe ses journées enfermé dans une grotte à méditer, je pense qu'on considérerait cela comme une activité non productive. Honnêtement, je ne connais pas la définition précise ou formelle de ce que l'on considère comme activité ou travail productif en Occident. Tout ce que je peux faire, c'est vous donner le point de vue d'un Américain ordinaire, le point de vue populaire, en quelque sorte.

— Dans ce cas, je pense que nous avons sérieusement besoin d'un dictionnaire ! lança-t-il en plaisantant.

— Quoi qu'il en soit, je pense que la conception générale de l'activité productive a à voir avec l'impact que l'on a sur son environnement, le fait de produire ou d'accomplir quelque chose dans le monde. Cela semble plutôt dirigé vers l'extérieur, il s'agit d'accomplir des choses qui peuvent être mesurées ou quantifiées.

— Dans ce cas, rit encore le dalaï-lama, mes quelques heures de méditation matinales sont non productives, n'est-ce pas ? Et le fait de manger, d'aller aux toilettes, non productif aussi ?

— Sans doute ! »

Je me mis aussi à rire, pris dans son sens contagieux de l'humour, puis j'enchaînai :

« Mais quelle serait donc votre définition d'un travail productif ?

— Voilà une question difficile », dit-il pensivement.

Son humeur se modifia rapidement et il devint sérieux :

« L'affaire est assez complexe. Je pense que même d'un point de vue classique occidental, elle est assez compliquée. Cela peut varier d'une société, d'une culture à une autre. Par exemple, dans une société communiste on pourra considérer que la propagande et l'endoctrinement, entre autres, sont des activités productives, alors qu'une société non communiste les rejettera et les considérera peut-être même comme destructrices. »

Il demeura silencieux un moment pendant qu'il tournait la question dans sa tête.

« Vous êtes donc en train de dire, par exemple, que mes heures matinales passées en méditation et d'autres pratiques spirituelles seraient considérées comme non productives selon les normes occidentales ? Cela me rappelle la propagande communiste, qui valorise le travail le plus pénible mais considère que les activités d'un moine sont non productives. Et pourtant, j'ai bien raison de penser que si, comme résultat de mon étude et de ma pratique je donne ensuite des conférences ou des enseignements sur ces questions, ou si je participe à des conférences, alors cela serait considéré une pratique productive – rencontrer d'autres personnes, avoir des discussions, enseigner et donner des conférences, tout cela est productif, non ?

— Tout à fait. Le métier d'enseignant est une profession reconnue en Occident, et donc un moine qui étudie et médite et enseigne pourtant à d'autres personnes serait considéré comme fournissant un travail productif. Par exemple, il y a des gens à travers le monde qui étudient des disciplines très ésotériques, comme le cycle de vie d'un minuscule insecte mal connu, et on considère que cela est un travail productif parce que cela contribue à la connaissance générale par l'enseignement et la rédaction d'articles.

« Si vous appliquez d'une manière ou d'une autre votre méditation matinale et vos études au monde, alors on considérerait cela comme un travail productif parce que vous le mettez réellement en œuvre. Mais cela ne serait pas le cas si vous étiez un ermite et ne le partagiez avec personne.

« Pour être tout à fait clair, ajouté-je, ai-je raison de supposer que vous considérez la méditation solitaire comme une activité productive ? Pour reprendre l'exemple de notre ermite qui a peu de contacts avec qui que ce soit et passe sa vie à méditer, à rechercher la délivrance, considérez-vous qu'il a une activité productive ?

— Pas nécessairement, répondit-il. De mon point de vue, il y a de la méditation productive et de la méditation non productive.

— Quelle est la différence ?

— Je pense que de nombreux pratiquants du *dzochen* utilisent différentes techniques, parfois avec les yeux fermés, parfois avec les yeux ouverts, mais la nature même de cette méditation est de devenir sans pensée. D'une certaine manière ceci est une sorte de retraite, de fuite des problèmes. Donc, quand ils se trouvent confrontés à des problèmes, dans leur vie habituelle rien n'a changé. Leurs attitudes et leurs réactions demeurent les mêmes. La méditation de ce type n'est qu'une manière d'éviter le problème, comme partir en pique-nique ou prendre une pilule antidouleur. Cela ne le résout pas. Et certaines personnes passent des années à pratiquer ces techniques, mais leur progrès réel est nul. Ce n'est pas de la méditation productive. Le progrès authentique intervient non seulement lorsque les individus obtiennent des résultats en atteignant des états de méditation supérieurs, mais aussi lorsque leur méditation exerce au moins un peu d'influence sur la manière dont ils interagissent avec les autres, quand elle a un impact sur leur vie quotidienne – plus de patience, moins d'irritation, plus de compassion. C'est cela la méditation productive. Quelque chose qui peut bénéficier aux autres d'une manière ou d'une autre. »

Une image commençait enfin à se dégager.

« J'ai l'impression, si je vous comprends bien, que votre définition d'une activité productive est une activité qui a un but positif. »

Le dalaï-lama resta à nouveau longuement silencieux pendant qu'il considérait la question.

« Selon mon point de vue personnel, oui. Et pas seulement un but positif, car même si vous n'avez pas de but positif, si votre activité ne bénéficie en fait à personne, je ne sais pas si on peut dire ou non qu'elle est productive. Par exemple, une personne peut étudier énormément. Lire, lire, et lire encore. Eh bien, vous pouvez avoir lu un nombre énorme de pages, mais si cela ne mène à rien, si cela ne produit aucun bienfait, alors vous perdez votre temps. Bien sûr, même si c'est le sens ordinaire de travail productif, tout dépend néanmoins du contexte. Mais je pense que si votre activité ou votre travail peut clairement bénéficier à quelqu'un, alors je dirais qu'ils sont productifs. Pour résumer, d'après moi, une activité productive doit être délibérée, en ce qu'elle doit être orientée vers un but spécifique. En outre, ce doit être une activité qui est bénéfique et ne nuit pas au bien-être des membres d'une société donnée.

« Donc, lorsqu'on parle de productivité, je pense qu'en termes généraux on considère d'abord la question sous un angle matériel, quelque chose de matériel, quelque chose que vous pouvez utiliser, un engagement ou une activité qui produit des biens matériels que des gens peuvent utiliser. Normalement, la production est considérée sous cet angle. Par ailleurs, bien des gens pensent que cela doit impliquer quelque chose de positif. Je pense que même dans l'utilisation habituelle du mot “productif” il y a une connotation positive. Dire de quelqu'un qu'il n'est pas productif comporte une connotation négative. Mais encore une fois, il n'est pas toujours nécessairement vrai que le terme implique toujours un but ou objectif positif. Par exemple, on peut produire du poison – c'est productif, mais négatif. Il peut donc y avoir des actions destructrices, du travail destructeur – c'est quand même du travail, et donc dans un sens on peut aussi considérer qu'il est productif. Le travail destructeur implique un mouvement, un mouvement vers quelque chose, la création de nouvelles choses. Donc, dans ce sens, il est productif, productif au sens qu'il produit simplement quelque chose.

« J'aurais donc tendance à penser que le mot "productif" peut être neutre, comme "travail", il peut être soit positif soit négatif. En ce sens, il ressemble un peu au mot "liberté". Je pense que la liberté en soi n'est pas nécessairement positive. Vous pouvez être libre de faire des choses négatives, non ? Mais en général on considère comme allant de soi que la liberté est bonne. De la même manière, à strictement parler, le mot "productif" est neutre. Cela peut être destructif ou constructif, positif ou négatif, mais en général nous acceptons comme allant de soi que "productif" ne peut pas désigner quelque chose de nuisible. Peut-être bien que, mais je ne sais pas... Je ne sais pas. »

Il rit.

« Je pense que cela dépend vraiment de ce que l'on entend par ce mot. C'est vraiment compliqué, très complexe. La production d'armes ou de poison pose des questions sérieuses. Bien sûr, les gens qui produisent cela reçoivent des salaires, parfois élevés, mais si nous caractérisons ces activités comme étant productives, nous devons faire attention au sens exact que nous donnons ici au mot. Ce qui ne fait que souligner une nouvelle fois la nature compliquée de cette question. Prenez par exemple l'activité génocidaire des nazis, qui impliquait une organisation soigneuse, une stratégie, une mise en œuvre élaborée. Nous ne pouvons pas dire que ces activités sont productives. De même, les criminels travaillent dur, mais nous ne voudrions pas caractériser leur travail comme étant productif non plus. Pour moi, tout cela suggère que dans notre conception d'une activité productive, il y a l'idée de non-malfaisance, sinon de bienfaits réels pour autrui. Comparées à ces activités criminelles, même si des pratiques spirituelles comme la méditation n'ont pas de résultats matériels immédiats, elles sont au moins inoffensives, et on peut donc considérer qu'elles sont davantage productives. Donc, pour résumer, nous pouvons peut-être définir le travail productif comme toute activité qui implique la production de quelque chose de matériel ou de spirituel que d'autres peuvent utiliser et, par ce biais, dont ils peuvent tirer bénéfice en raison des activités qui conduisent à leur production. Je ne sais pas. »

Il se mit soudain à rire.

« Nous n'arrêtons pas de regarder cette idée de l'activité productive sous toutes les coutures, productive, non productive, positive, négative, différents types et différentes définitions du travail productif, et tout cela dépend de son point de vue. C'est terriblement compliqué et confus. Je me demande si nous avons abouti à la moindre conclusion.

— Je me posais la même question. Je ne m'attendais pas à ce que nous débattions à ce point sur un concept apparemment si simple, en essayant de concilier nos différentes perspectives. Mais en fait je pense que la conversation a eu un effet bénéfique sur moi et m'a permis de clarifier mes idées, parce qu'elle a changé ma façon d'appréhender un point. Vous m'avez demandé si je pensais que la méditation était considérée comme une pratique productive dans la conception occidentale habituelle. Ma réponse de départ était "non", mais à mesure que vous parliez je pense que j'ai changé d'avis. Je voudrais reconsidérer ce que j'ai affirmé tout à l'heure. Je pense à présent que si l'on tient compte de votre définition d'une méditation productive, lorsque les états de méditation sont mis en rapport avec le monde, au moins dans notre manière d'interagir avec autrui, je pense qu'il faut considérer qu'il s'agit d'une activité productive parce que les moines ou les praticiens de la méditation apprennent, développent leur esprit et effectuent des changements positifs. Et, dans ce sens, ils progressent et atteignent des objectifs, et il me semble que cela est productif.

« De toute façon, je pense que nous avons quand même amélioré notre compréhension. Même si des personnes ont des conceptions divergentes de ce qu'elles considèrent être du travail productif, pour notre discussion il me semble que nous pouvons adopter votre analyse selon laquelle le travail productif implique d'être engagé dans une activité non seulement orientée vers un certain objectif, mais que celle-ci ait un but positif. »

Il hocha la tête :

« Je suis d'accord. »

Après notre discussion, je suis allé chercher dans un dictionnaire le sens du mot « productif », dont la racine latine signifiait « tirer en avant ». Cela n'était pas surprenant : le mot a des connotations créatives et d'engendrement, qui ont à voir avec le fait de donner naissance à un certain résultat, de créer. Mais le simple fait de réfléchir à la définition pendant quelques instants m'avait permis de soulever un point important. Comme l'avait suggéré le dalaï-lama, le terme était essentiellement neutre : on pouvait produire des instruments de torture tout comme des médicaments destinés à sauver des vies – et les deux pouvaient être considérés comme une activité productive. Mais du point de vue du dalaï-lama, une conception de l'existence centrée sur la quête du bonheur, la simple production de biens ou de services ne suffit pas à assurer, au bout du compte, notre bonheur. Pour cela, on doit considérer les résultats de notre travail, les effets que celui-ci aura sur nous-mêmes, sur notre famille, sur notre société et sur le monde. Comme nous l'avions dit dans notre discussion sur la bonne vie, bien que cela ne soit pas toujours facile, ni même possible, nous devons faire de notre mieux pour nous assurer que notre travail aura des effets bénéfiques pour d'autres. Pour le dalaï-lama, c'est la meilleure manière de créer un lien indestructible entre notre travail et le bonheur profond et durable que chacun de nous recherche.

Pour ceux qui seraient prêts à redéfinir leur concept de « travail productif » en adoptant la définition du dalaï-lama, il peut y avoir certains risques. Un marchand de tabac, par exemple, pourrait en venir à ne plus considérer son dur labeur comme un travail productif, du moins selon cette nouvelle définition. En fait, on pourrait penser qu'avec l'adoption de cette nouvelle définition nous nous limitons et excluons des travaux que nous considérerions comme étant productifs. Mais, paradoxalement, l'adoption de cette nouvelle définition pourrait en fait élargir notre concept de productivité – et nous ouvrir de nombreuses nouvelles possibilités et sources de satisfaction dans notre travail. Le fait de changer de concept de travail productif a certaines conséquences intéressantes. Si nous vendons du matériel informatique et que la journée a été mauvaise, peu productive, dans le sens où nous n'avons rien vendu du tout, nous pouvons néanmoins ressentir une certaine satisfaction si nous avons eu des interactions positives avec nos clients et nos collègues, si nous avons contribué, même marginalement, à améliorer un tant soit peu leur journée. Notre journée est devenue productive, nous pouvons en être fiers. Bien sûr, nous aurons toujours besoin d'acheter à manger et de payer le loyer, et nous aurons donc tous encore besoin de la journée « productive » au sens habituel pour que nos efforts produisent des revenus. Mais une définition élargie de « travail productif », fondée sur le fait d'apporter quelque bienfait à autrui, peut nous fournir de nombreuses nouvelles sources de satisfaction qui nous aideront à préserver notre fierté et notre accomplissement, même dans les périodes où notre carrière tourne au ralenti.

Étant parvenus à une définition commune de l'activité productive, il était temps de faire le pas final et d'explorer le lien entre l'activité productive et notre soif fondamentale de bonheur. La question était toujours posée : chacun de nous dispose-t-il du potentiel inhérent pour éprouver un sentiment de satisfaction profonde dans son travail, et si tel est le cas, quel rôle joue la satisfaction au travail dans notre bonheur global ?

Bien évidemment, comme pour la plupart des autres aspects du comportement humain, les psychologues évolutionnistes ont leur propre théorie sur la raison pour laquelle les êtres humains ont une capacité naturelle à tirer du plaisir et de la satisfaction d'un travail difficile.

Dans les savanes et les plaines du monde préhistorique vivait une bande d'humains primitifs. Dans cette bande de chasseurs-cueilleurs, il y avait deux frères, Jim et Lemarr. Comme ils étaient parents, et qu'ils partageaient des caractéristiques humaines, les frères se ressemblaient à bien des égards. Tous deux aimaient s'accroupir près du feu lorsqu'il faisait froid, et manger un bon morceau d'antilope grillé. Mais comme tous les humains, il existait de subtiles différences dans leur patrimoine génétique, visibles non seulement dans leur apparence, mais aussi dans leur intelligence, leur tempérament et leurs dispositions. Lemarr aimait fabriquer des choses, développer et exercer ses talents, et prenait plaisir à passer des heures à affûter des outils, dont il se servait pour chasser et pour contrôler l'environnement autour de lui. Jim avait moins de goût pour le travail, et tirait davantage de satisfaction assis à grignoter des noix et à regarder le soleil se coucher. Un après-midi, alors qu'il était perdu dans la contemplation d'une chenille sur une feuille, la carrière de Jim en tant qu'homme des cavernes connut une fin aussi brutale que subite lorsqu'un tigre à dents de sabre décida qu'il ferait partie de son déjeuner. Lemarr survécut, et sa caractéristique d'apprécier le travail difficile fut transmise jusqu'à nous.

C'est du moins l'histoire que raconte la théorie de l'évolution. Mais quelle que soit la réalité ou non de cette fable, de nombreuses données accréditent l'idée que les humains naissent avec une capacité innée à ressentir de la satisfaction dans leur activité. En outre, il existe une relation bien connue entre le bonheur d'une personne dans son travail et la satisfaction globalc dans l'existence. Les psychologues et les sociologues ont commencé à explorer cette relation dans les années cinquante, et depuis on a accumulé une quantité impressionnante de données confirmant le lien entre bonheur dans son travail et satisfaction dans l'existence. En 1989, les psychologues Marianne Tait, Margaret Youtz Padgett et Timothy Baldwin ont passé en revue toutes les publications sur le sujet depuis trente ans, et ils ont fermement établi le lien entre satisfaction dans le travail et satisfaction dans la vie. Ce lien s'applique que l'on soit homme ou femme, ouvrier ou employé de bureau ; que l'on travaille à Wall Street ou, comme l'ont montré récemment Roderick Iverson et Catherine Maguire de l'université de Melbourne, dans une mine de charbon australienne. Depuis l'étude de 1989, des psychologues d'entreprise, des sociologues et des experts réputés comme Robert Rice, Timothy Judge et Shinichiro Watanabe ont poursuivi l'étude de la relation entre le travail et le bonheur, permettant une meilleure compréhension de la nature de la relation. Comme on peut le deviner intuitivement, de nombreux chercheurs ont proposé un modèle de « vases communicants », pour décrire cette relation. Autrement dit, la satisfaction dans son travail a tendance à vous rendre globalement plus heureux, et ceux qui sont contents de leur vie sont généralement contents de leur travail. Bien sûr, comme dans tout domaine de recherche, il existe des divergences entre chercheurs sur le degré d'influence du travail sur le bonheur en général, et le degré auquel le bonheur général dans la vie influe sur le travail. Certains chercheurs ont même essayer de quantifier la relation. Une étude sur la qualité de la vie aux États-Unis, financée par la fondation Russell Sage a découvert que la satisfaction dans le travail représente vingt pour cent de la satisfaction globale de son existence. Résumant les publications sur le sujet, Harter, Schmidt et Keyes écrivent : « Entre un cinquième et un quart du degré de satisfaction dans l'existence chez les adultes s'explique par leur satisfaction vis-à-vis de leur travail. » Cela peut sembler dérisoire, mais lorsqu'on intègre toutes les variables qui peuvent influer sur le sentiment de satisfaction global, dont le statut conjugal, les relations sociales en dehors du travail, la santé et d'autres facteurs, on commence à apprécier le rôle immense que le travail peut jouer dans une vie heureuse et satisfaisante.

Il semble clair que les humains ont une capacité innée à éprouver de la satisfaction dans leurs activités et, en outre, il existe un lien entre la satisfaction dans son travail et dans la vie. Et c'est tant mieux pour nous, puisqu'une grande partie du temps qui nous est imparti sur Terre se passe à travailler. Mais cela peut néanmoins demander un certain nombre d'efforts pour identifier et dégager les obstacles qui nous empêchent de ressentir le bonheur dans le travail auquel nous avons droit. Dans nos discussions, le dalaï-lama avait proposé une manière de commencer ce processus. Mais quelque chose me gênait, quelque chose manquait. Comme j'avais remarqué que le dalaï-lama a toujours l'air heureux, quelle que soit l'activité dans laquelle il est engagé, j'avais commencé nos discussions en l'interrogeant sur la perception qu'il avait de son travail, afin de découvrir le rôle que le travail jouait dans son propre sentiment de satisfaction et de bonheur. Mes tentatives initiales pour le faire parler de son propre travail n'avaient pas abouti, mais à présent je me disais qu'il serait peut-être utile de revenir à cette question. Le problème était de trouver un moyen d'aborder le sujet qui conduirait à une réponse plus complète. Je me suis alors souvenu d'un bref échange qui s'était déroulé l'année précédente, alors que le dalaï-lama faisait une tournée de conférences de trois semaines aux États-Unis.

C'était à la fin d'une journée épuisante. Le dalaï-lama terminait la conférence qu'il avait donnée dans une grande ville du Midwest. Comme d'habitude, au cours des dernières minutes le dalaï-lama répondait aux questions de l'assistance, allant de « quelle est la situation actuelle au Tibet ? » jusqu'à « avez-vous une fiancée ? ». J'étais assis sur un siège pliant en coulisses, sur le point de m'assoupir, lorsque je me suis subitement dressé, étonné par une question que je n'avais jamais entendue jusque-là, une question simple et pourtant fondamentale que je n'avais pourtant jamais songé à lui poser au fil de nos entretiens, depuis des années.

« Vous parlez souvent du bonheur, lui, avait-on demandé, et vous prétendez même que le but de notre existence est le bonheur. Je me demandais si vous pouviez nous dire quel a été votre plus grand moment de bonheur ? »

Le dalaï-lama prit son temps pour répondre, comme si rien au monde ne le pressait. Lorsqu'il répondit enfin, c'est comme s'il était en train d'avoir une conversation avec un groupe d'amis pendant qu'il buvait du thé sur le porche de sa maison, au lieu de se trouver dans un lieu public devant des milliers de personnes qui toutes attendaient sa réponse.

« Je ne sais pas, dit-il doucement, presque comme s'il se parlait à lui-même. J'ai eu de nombreux moments de bonheur, très nombreux. Il finit par répondre en riant : Je pense que c'est peut-être le jour où j'ai passé les examens pour devenir *geshe*. Je me souviens du soulagement que j'ai ressenti lorsque ce fut fini. J'étais si content ! » Son rire irrésistible résonna dans les haut-parleurs, emplissant le cœur de chacune des personnes qui l'écoutaient.

Je me suis souvenu comment le dalaï-lama avait répondu à la question avec tant de gaieté, puis était passé à autre chose si rapidement qu'on aurait pu garder l'impression qu'il évoquait le souvenir d'un jeune dalaï-lama assis devant une table de Formica dans une salle de classe climatisée, répondant à des questions, puis rendant sa copie et prenant son diplôme au passage, en sortant. Dans la réalité, la situation était très différente. Le diplôme de *geshe* est l'équivalent d'un doctorat d'État en philosophie bouddhiste, c'est le point culminant de dix-sept années de dur travail. Il comporte l'étude de nombreuses branches de la philosophie bouddhiste, la logique, l'art du débat et la psychologie. Son domaine d'étude regorgeait de sujets abscons – et de cours si difficiles que j'aurais dû regarder dans un dictionnaire ne serait-ce que pour comprendre l'intitulé de certains cours : « Voyons voir... épistémologie... *étude de la nature du savoir* ». Les oraux duraient une journée entière pendant laquelle les plus grands érudits de tout le Tibet lui lançaient des questions devant des milliers de moines et de savants. Ajoutez à cette terrible pression le fait que la situation politique était tellement tendue que, pour la première fois de son histoire, il y avait des gardes armés, tibétains et chinois, postés autour de la grande cour, dans l'attente des troubles qui ne manqueraient pas de se produire. Sa vie était menacée, et on l'en avait averti.

La satisfaction d'en avoir fini avec des examens est tout à fait compréhensible, mais pour ma part je n'aurais pas pensé que dans ce contexte c'était un moment de véritable bonheur, et je pouvais difficilement imaginer une situation plus grosse en défis et pressions tant internes qu'externes. Et pourtant il affirmait que c'était son moment de plus grand bonheur, ou au moins l'un d'entre eux. Pour moi, cette réponse impliquait bien plus que le fait de ressentir un soulagement transitoire après en avoir fini avec un travail difficile et un examen source d'angoisse. Cela suggérait un lien plus profond entre le travail au cours de nombreuses années et le bonheur ultime de la satisfaction.

À présent, je réfléchissais à cette question et à sa réponse, et je me suis dit que c'était peut-être le meilleur moyen d'aborder le lien entre le travail et le bonheur dans sa propre vie.

« Lorsqu'on vous a demandé quel était votre moment le plus heureux, lui ai-je rappelé, vous avez dit que c'était lorsque vous aviez passé et réussi l'examen du *geshe*. Je sais que pour cela il vous a fallu fournir un énorme travail pendant plusieurs années, et votre réponse a des implications importantes. Elle signifie que l'activité productive et le travail sont une importante composante du bonheur humain, du moins dans votre cas. Et cela coïncide parfaitement avec les découvertes de certains chercheurs. En fait, ces chercheurs pensent en effet, que notre cerveau est câblé, génétiquement programmé pour ressentir le bonheur dans une activité productive et significative, par l'exercice de compétences, par l'interaction avec notre environnement.

« C'est pour cela que je trouve vraiment intéressant qu'au lieu de dire que votre moment le plus heureux était une fois où vous étiez en train de méditer en isolement, dans un état de repos apaisé, vous avez dit que c'était la réalisation d'un certain objectif à un niveau conventionnel. »

Le dalaï-lama semblait m'écouter très attentivement, puis il me répondit :

« Je comprends ce que vous voulez dire lorsque vous affirmez qu'il existe un certain degré de satisfaction dans cette idée du travail. Et dans ce cas votre description de l'activité productive a plus à voir avec une activité orientée vers l'extérieur dont nous avons parlé plus tôt. Par exemple, lorsque j'étais jeune, au Tibet, j'aimais réparer les choses, démonter les appareils ou des objets comme des montres pour essayer de comprendre comment ils fonctionnaient, même si je n'étais pas toujours capable de les remonter convenablement. Parfois, je préférais même m'occuper de cela plutôt que de mes études (il accompagna cette phrase d'un gloussement coupable). Mais je ne pense pourtant pas qu'il est vraiment juste de dire que les êtres humains sont génétiquement programmés pour tirer bénéfice seulement de cette activité productive.

— Oh, non ! me suis-je empressé de corriger. Ce n'est pas ce que je veux dire. En fait, les discussions qui ont abouti à notre premier livre avaient pour point de départ votre prémisse selon laquelle le principal déterminant de notre bonheur est l'état de notre esprit, le facteur mental. Donc, notre premier livre était centré sur le thème général du développement intérieur, et nos discussions actuelles ont aussi comme point de départ l'hypothèse que le développement intérieur est ce qui nous mène vraiment au bonheur. Donc, il n'y a pas de doute que nous croyons cela.

« Mais vous avez également dit que le bonheur humain a de nombreux composants. Ici, nous nous concentrons sur l'un d'eux, un que nous n'avons pas complètement exploré dans notre premier livre. L'élément supplémentaire que j'introduis ici est l'idée de l'activité productive et du travail. Donc, oui, je suis d'accord avec vous pour dire que nous ne sommes pas programmés pour atteindre le bonheur exclusivement par un travail productif ou une activité chargée de sens. Mais je souhaite à présent explorer comment le travail s'intègre dans notre quête du bonheur. Et nous ne parlons pas d'états d'exaltation spirituelle, mais de bonheur plus conventionnel, terre à terre, quotidien, et de la manière dont l'activité productive et le travail peuvent contribuer à notre satisfaction globale dans l'existence, comme par exemple la manière dont votre difficile travail pour devenir *geshe* a pu vous rendre heureux.

— C'est donc quelque chose sur laquelle je dois m'exprimer plus clairement. En disant que mon plus grand moment de bonheur était le jour où j'ai obtenu mon diplôme de *geshe*, je ne voulais pas dire que des états de bonheur profond ne peuvent s'obtenir par le développement intérieur, des processus de pensée atteints par la réalisation méditative. Le fait que je n'ai peut-être pas réussi à atteindre ces niveaux de réalisation méditative ne veut pas dire que cela n'est pas possible. En fait, j'ai même entr'aperçu cette possibilité. Je crois vous avoir déjà parlé de ces expériences.

— Je pense que nous sommes tous les deux d'accord pour dire qu'il existe de nombreuses composantes du bonheur, et que de nombreux facteurs peuvent y contribuer. Par le passé, nous avons parlé de l'importance d'entraîner son esprit, et vous avez parlé d'autres types d'entraînements méditatifs. Vous avez également la famille, les amis, etc. Nous pourrons revenir plus tard sur certaines de ces autres composantes. Mais cette semaine, nous nous intéressons au travail. Nous en avons abordé de nombreux aspects dont des sources ordinaires d'insatisfaction. Puisque cette rencontre est la dernière de cette série de discussions, je me demandais, d'un point de vue plus global, en ce qui concerne le travail, l'activité dans le monde, quel rôle leur voyez-vous jouer dans notre quête du bonheur ?

Le dalaï-lama réfléchit un moment avant de répondre :

« C'est très difficile de dire vraiment dans des termes généraux quel rôle joue le travail dans le bonheur humain. Vous savez que de nombreux facteurs très complexes sont impliqués. Les intérêts de la personne, son passé, ses conditions de vie, le cadre social et la nature de son travail peuvent tous influencer la manière dont le travail de cette personne peut contribuer à son bonheur général. Ces facteurs peuvent faire une grande différence. Et je pense que dans une large mesure cela dépend aussi de la psychologie, du psychisme de la personne. Donc, si nous parlons du sentiment de "réalisation de soi" que les personnes tirent de leur travail, alors vous devez comprendre que de nombreux facteurs sont à l'œuvre. »

Je soupirai intérieurement. Je me rappelais nos nombreuses conversations au fil des ans au cours desquelles je cherchais des réponses claires, des affirmations définitives, des solutions concises. J'en étais encore là. Il ne cessait de me rappeler la complexité des êtres humains.

Mais il a évidemment raison. Bien que, d'un point de vue darwinien, nous ayons peut-être hérité de nos ancêtres lointains un penchant inné à ressentir du plaisir et de la satisfaction lorsque nous nous livrons à des activités productives, nous ne sommes plus des chasseurs-cueilleurs. Avec son entrée progressive dans le monde moderne, la vie humaine est devenue plus complexe, et, pour bien des personnes, cette joie spontanée que nous pouvons potentiellement expérimenter dans notre travail s'est effilochée sous la pression des variables complexes qui caractérisent notre mode de vie au XXIe siècle.

Nous avons vu plus haut que, bien que le lien général entre travail et bonheur ait été démontré, il existe de nombreux points de désaccord parmi les chercheurs sur le degré et la manière dont le travail contribue à notre bonheur global. En dépit de ces divergences d'opinion, les chercheurs peuvent au moins être d'accord sur un point et convenir avec le dalaï-lama que des variables complexes déterminent notre satisfaction comme notre insatisfaction dans notre travail et dans la vie. Comme le dit le dalaï-lama, la personnalité, la disposition, les intérêts, le contexte social et bien d'autres facteurs peuvent influer sur notre sentiment de satisfaction. Et comme il l'a suggéré plus tôt, notre histoire et notre culture peuvent aussi jouer un rôle, ce qui a été établi par le psychologue des organisations et des entreprises Paul Spector dans un livre récent sur la satisfaction dans le travail.

Non seulement de nombreuses variables et facteurs peuvent influer sur notre sentiment de satisfaction dans le travail, mais des facteurs tout aussi nombreux peuvent contribuer à une vie heureuse. Comme le dalaï-lama me l'avait rappelé, la satisfaction dans le travail n'est qu'un facteur parmi d'autres. Ed Diener, un psychologue spécialisé dans la question du bien-être subjectif, concluait une étude récente sur les facteurs qui peuvent influer sur le bonheur humain : « Il semble probable que le bonheur subjectif ne se laissera pas réduire à un petit ensemble de variables puissantes, en raison du nombre immense de facteurs qui peuvent l'influencer. » Ainsi, étant donné la complexité des êtres humains, la très grande variété de variables biologiques, sociales, économiques ou démographiques qui peuvent influer sur notre bonheur dans notre travail ou à la maison, par où faut-il commencer ? Ici, les toutes dernières découvertes des chercheurs dans le domaine du bonheur humain convergent avec la sagesse du dalaï-lama, fondée sur l'antique philosophie bouddhiste : il faut commencer par se tourner vers l'intérieur, en cherchant à reformuler nos attitudes et nos perceptions. Faisant écho au point de vue du dalaï-lama, Diener conclut : « Il semble que la manière dont les gens perçoivent le monde est bien plus importante pour le bonheur que les circonstances objectives. » Et il existe une masse de données qui confirment cette affirmation.

Ainsi, en dépit de la noble tentative bien intentionnée de certains chercheurs pour quantifier précisément la contribution du travail à notre bonheur, comme le suggère le dalaï-lama, il est difficile de généraliser et cela reste dans l'ensemble une question individuelle. Et si l'on considère la gaieté qu'exhale le dalaï-lama en vaquant à ses occupations quotidiennes, j'étais encore plus curieux de savoir comment il voyait son propre travail. Quelque chose dans sa manière de décrire son travail – « je ne fais rien » – me gênait, me laissait vaguement insatisfait. J'avais encore le sentiment qu'en l'interrogeant un peu plus sur sa conception, sur la manière dont son travail s'intégrait à son existence, j'apprendrais des choses qui pourraient nous servir, à nous et à d'autres.

Je décidai donc de faire une dernière tentative et lui demandai :

« Cette semaine nous avons parlé de l'attitude des gens envers leur travail, des différentes opinions que les gens peuvent avoir à son propos. Mais je suis toujours curieux sur ce que vous, vous pensez du vôtre. L'autre jour je vous ai demandé ce que vous diriez à quelqu'un qui vous demanderait comment vous gagnez votre vie, et vous avez dit que vous répondriez : "Je ne fais rien", puis vous avez dit en plaisantant que vous vous occupiez de vous-même, etc. J'aimerais que vous soyez un peu plus précis. Vous avez quand même différents rôles : vous êtes moine, chef du peuple tibétain, homme d'État, érudit, maître, vous donnez et participez à des conférences à travers le monde. Je veux dire que vous êtes impliqué dans de multiples activités, et c'est de cela que je voulais parler, lorsque je vous demandais ce qui était votre travail dans le monde. Votre job.

— Bien évidemment, je suis un moine, je suis un moine bouddhiste. Et le travail, ou le centre principal d'intérêt d'un moine, c'est l'étude et la pratique du bouddhisme. Et puis la chose principale c'est de servir les autres par la spiritualité, par ma propre expérience. C'est cela le principal, n'est-ce pas ? Donc, lorsque je donne des conférences, j'essaie de partager avec ceux qui m'écoutent une compréhension de ce qui est bénéfique, ce qui est une vie emplie de sens, selon mon vécu.

« Mais si vous voulez parler de mon travail temporel, mon travail dans le monde, mes activités et mes décisions sont guidées par des principes bouddhistes. Elles sont fondées sur les concepts de la compassion et de l'interdépendance. Ainsi ma politique de “la voie du milieu”, mon approche de la question politique tibétaine sont façonnées par ma conception de l'interdépendance, la reconnaissance du fait que dans notre monde tous les pays sont interdépendants. Bien sûr, en ce qui concerne le Tibet, beaucoup dépend de l'Inde et aussi de la Chine. Et dans cette politique, vous pouvez aussi voir l'influence de concepts bouddhistes comme la non-violence. Nous ne faisons pas la guerre à la Chine pour reconquérir notre pays. Donc, je pense que mes différentes activités sont influencées par l'enseignement de Bouddha. Bon, peut-être pas toutes – de temps à autre je bricole avec un tournevis, et je ne saurais pas dire si les concepts bouddhistes sont impliqués dans ces activités ! Il éclata de rire. Sinon, je pense que la plus grande partie de ma vie quotidienne est celle d'un moine, d'un pratiquant. Par exemple, je me lève tous les jours à trois heures et demie et j'étudie, je prie et je médite. Mon frère se moque de moi et dit que, si je me lève si tôt, c'est parce que j'ai faim et que je veux mon petit déjeuner ! Il éclata une nouvelle fois de rire. C'est peut-être vrai, mais je pense que la principale raison, c'est ma pratique. Donc, l'étude et ma pratique de moine sont ma seule profession. En dehors de cela, il n'y a rien d'autre. Rien.

— D'accord, mais je sais que vous avez de nombreuses autres activités en dehors de votre pratique spirituelle de moine. Vous avez ainsi mentionné la situation politique, et je sais que vous avez des responsabilités et du travail en rapport avec votre rôle de chef du peuple tibétain. Dans quelle mesure cela contribue-t-il à votre sentiment global de bonheur et de satisfaction ? Avez-vous le sentiment que cela joue un rôle ? »

Le dalaï-lama m'expliqua :

« Il existe très certainement une corrélation entre la satisfaction que vous pouvez obtenir sur votre lieu de travail et votre sens global de réalisation. Mais je ne suis pas certain que mon expérience personnelle puisse s'appliquer à celle de beaucoup d'autres personnes. Ce matin j'avais une conversation avec des membres du secrétariat tibétain ici, et je leur disais que si, par exemple, nous regardons l'histoire de notre pays, nous voyons que durant de nombreuses générations, nous, les Tibétains, avons ignoré les changements importants qui se produisaient autour de nous, et que nous en sommes maintenant au point où une grande partie des dégâts commis sont presque irréparables. Dans un sens, ma génération a hérité d'une crise qui a eu des conséquences tragiques pour notre culture et notre peuple. Pourtant, en même temps, le fait d'être tibétain, et surtout le fait d'être le dalaï-lama à un moment si critique, me donne une occasion formidable de servir, de servir le bien-être de mon peuple et d'assurer la survie de sa culture.

— N'est-ce pas lié à ce que nous disions l'autre jour à propos des défis ? Êtes-vous en train de dire que plus le défi est grand plus le sentiment de satisfaction qu'on pourra tirer d'un certain travail est grand ?

— Cela me semble clair. Dans le cas de ma propre responsabilité envers le peuple et la nation tibétains, comme je l'ai déjà dit, notre tragédie actuelle est en fait le résultat de nombreux facteurs complexes, dont ma négligence et mon ignorance prolongées des événements dans le monde environnant. Pourtant, lorsque je reconnais la gravité de la situation, le fait que la survie même des Tibétains en tant que peuple avec son héritage culturel unique est menacée, je peux apprécier la valeur de la plus petite contribution à la sauvegarde du peuple tibétain. Ceci, à son tour, renforce ma compréhension de la manière dont mon travail sur la question du Tibet est en réalité une partie de la pratique quotidienne spirituelle qui est la mienne depuis toujours, celle de quelqu'un qui pense profondément qu'aider les autres est le but le plus élevé de quiconque a une pratique spirituelle. De cette manière, ma vie, mon travail, sont intimement liés à ma pratique quotidienne de prière et de méditation. La méditation analytique m'est ainsi très utile pour engendrer une conviction plus profonde envers les principes de non-violence, de compassion, de pardon, surtout envers les communistes chinois. Donc, vous voyez qu'il existe une sorte d'influence mutuelle entre mon adhésion à certaines valeurs spirituelles, ma pratique spirituelle quotidienne, leur impact sur ma manière générale de penser et d'envisager la vie, et la manière dont celles-ci influent à leur tour sur mon travail politique pour le peuple tibétain. Et puis mon travail politique influe sur ma pratique spirituelle. Il existe une relation d'interconnexion entre tout. Un bon petit déjeuner, par exemple, contribue à ma bonne santé. Et ma bonne santé me permet de me servir de ma vie pour réaliser mon travail. Tout est relié, tout est interdépendant. Lorsque vous appréciez ces liens, alors vous comprenez comment vos valeurs, vos attitudes, votre état émotionnel peuvent tous contribuer à votre sentiment d'accomplissement dans le travail, à votre satisfaction et à votre bonheur dans l'existence. »

Les choses tombaient enfin en place. Je comprenais enfin pourquoi le dalaï-lama disait : « Je ne fais rien », lorsqu'on lui demandait de décrire son travail. Bien sûr, connaissant son sens de l'humour, j'en saisissais l'ironie. Mais, derrière la plaisanterie, je connaissais sa réticence personnelle, que j'avais pu apprécier en de nombreuses occasions, à s'auto-évaluer. Cela semblait découler de son absence d'intérêt de ce que les autres pensent de son travail aussi longtemps qu'il est sincèrement motivé pour aider les autres.

Mais il y avait une vérité plus profonde. Comme j'avais commencé à le comprendre durant notre discussion des forces individuelles, le dalaï-lama est une personne qui a opéré une fusion totale entre son être et son travail. Sa vie personnelle et sa vie « professionnelle » sont parfaitement intégrées, si parfaitement intégrées qu'il n'existe pas vraiment de distinction entre les différents compartiments, « personnel », « professionnel », « spirituel » ou « domestique ». Et puisqu'il ne distinguait pas un sous-ensemble particulier de fonctions pour en faire son « travail », il n'avait pas de travail : « Je ne fais rien, je n'ai pas de travail. » En fait, je suis étonné depuis longtemps par la manière dont il est toujours égal à lui-même, où qu'il se trouve. Il n'est pas une personne différente selon qu'il est « en public » ou « en privé ».

Puisque le dalaï-lama est pleinement présent dans la moindre de ses activités, il n'a pas vraiment besoin d'adapter son comportement à la situation. Il est comme il est, identique à lui-même, qu'il soit « à la maison » ou « au travail ». Je me suis dit qu'une telle vie devait procurer un énorme sentiment de satisfaction. Je me suis rappelé une scène incroyable dont j'avais été le témoin l'année précédente. Le dalaï-lama était en visite à Washington, et un soir il devait assister à une réception en son honneur au Sénat. La réception avait été organisée par le sénateur Diane Feinstein, et le tout-Washington y assistait. Cela se déroulait dans un des plus beaux salons du bâtiment. Des ambassadeurs, des sénateurs importants et des chefs du Congrès glissaient silencieusement sur le tapis rouge somptueux, sous d'immenses chandeliers de cristal, entourés par d'immenses fresques aux tons pastel recouvrant les murs et les plafonds. Le cadre ne faisait que souligner l'importance de la réception et de l'assistance. Je reconnus de nombreux visages que j'avais jusque-là aperçus sur CNN, mais il y avait quelque chose d'étrange à voir ces gens en chair et en os. Je ne savais pas pourquoi exactement. Soudain, je me suis dit qu'en fait ces gens n'avaient pas l'air plus en vie que lorsque je les voyais à la télévision ; leurs visages plissés étaient des masques impénétrables, figés, et leurs gestes étaient rigides et automatiques. Parmi eux circulaient de jeunes assistants, tout frais émoulus de l'université, intoxiqués par tout ce pouvoir, parlant à voix basse avec une certaine excitation. Ils essayaient d'avoir l'air adulte, me suis-je dit. Pour moi, qui n'avais jamais été exposé au monde politique, la scène était presque surréaliste.

J'étais arrivé tôt, et les gens attendaient en discutant. Les personnes plus âgées semblaient si sûres de leur position et si conscientes de leur importance qu'elles ne paraissaient s'intéresser à rien.

Lorsqu'on leur présentait quelqu'un, elles regardaient à peine la personne, reconnaissant à peine qu'il y avait un autre être humain devant eux. Les plus jeunes et moins sûrs d'eux, majoritaires, semblaient aussi inconscients des gens qui les entouraient, et leurs regards erraient, comme s'ils cherchaient à évaluer leur place dans la hiérarchie du pouvoir. Certains fendaient la foule en se présentant à droite et à gauche, et comme j'en ferais la remarque plus tard au dalaï-lama, la question la plus courante était : « Et vous faites quoi ? » Ils semblaient avoir un don pour vous évaluer en quelques secondes, pour déterminer si vous pouviez leur être utile. Si ce n'était pas le cas, ils repartaient vers quelqu'un de plus important que vous. Certains sirotaient du Coca light ou du vin blanc. Mais personne ne semblait toucher à la nourriture de l'immense buffet au milieu du salon, recouvert de fromage français, de crevettes, de pâtisseries et de toute sorte de mets délicieux. La plupart des présents étaient trop tendus pour avoir faim.

Le dalaï-lama entra enfin. Le contraste était frappant. Comme à son habitude, il avait l'air calme et gai. Je remarquai qu'il ne s'était même pas donné la peine d'enfiler sa plus belle paire de chaussures – il portait ses vieilles sandales en caoutchouc. La sénatrice Feinstein et son mari commencèrent aussitôt à présenter le dalaï-lama aux invités. Il se versa un verre d'eau tandis que Diane Feinstein approchait un grand fauteuil en chêne massif, le poussait contre un mur et l'invitait à s'asseoir. Plusieurs sénateurs firent la queue pour être présentés. De l'autre côté du salon, je ne pouvais pas entendre ce qu'ils se disaient, mais, en observant sa manière de les aborder, avec une poignée de main sincère, un sourire chaleureux et sincère, un regard droit dans les yeux, il était évident que, comme toujours, il se comportait avec eux comme un être humain avec un autre être humain, sans la moindre affectation. On pouvait percevoir un sourire sur le visage de ses interlocuteurs. Je remarquai qu'à mesure qu'on les lui présentait, ils avaient du mal à s'éloigner de lui.

Finalement, un sénateur attrapa une chaise et s'installa à côté du dalaï-lama. Le suivant fit de même, et il y eut bientôt une dizaine d'hommes politiques assis le long du mur, de chaque côté de Sa Sainteté. J'observai comment ils se penchaient vers lui attentivement, pris dans la conversation ; depuis l'autre côté de la pièce, on aurait dit la dernière cène. Il me semblait que plus ils étaient proches du dalaï-lama, plus leur visage et leur attitude étaient détendus. Quelques minutes plus tard, je fus frappé par une vision encore plus extraordinaire : le dalaï-lama tenait affectueusement la main de l'homme assis à côté de lui, un vieux briscard de la politique qu'il venait à peine de rencontrer. Il tenait la main de cet homme comme il aurait tenu la main d'un petit enfant et celui-ci qui, quelques instants plus tôt, avait l'air dur et impénétrable semblait être subitement devenu plus humain.

Pendant que tout ceci se produisait, je bavardais avec le responsable de la sécurité du dalaï-lama. L'homme avait déjà rempli la même fonction lors de ses précédentes visites aux États-Unis et il m'avait dit que s'occuper de la sécurité du dalaï-lama était sa mission préférée – non seulement parce que, à la différence de certains diplomates qui voulaient sortir en boîte jusqu'à trois heures du matin, le dalaï-lama se couchait chaque soir à neuf heures, mais aussi parce qu'il l'admirait sincèrement. Il me dit :

« Je ne suis pas bouddhiste, mais le dalaï-lama est une grande source d'inspiration pour moi.

— Ah bon ? En quoi ?

— La principale chose que j'ai remarquée, c'est qu'il aime parler avec les chauffeurs, les réceptionnistes, les serveurs, les employés partout où il va. Et il traite tout le monde exactement de la même manière. »

Et cela ne pouvait être plus évident qu'au cours de cette réception. Il traitait tout le monde avec respect. Le garçon derrière le buffet aussi bien que le président du groupe démocrate au Sénat. Toute son attitude, son comportement, sa façon de parler et ses gestes étaient partout toujours identiques, qu'il s'adresse à la femme de chambre de l'hôtel, au chauffeur qui le conduisait à une réception, ou aux hommes politiques les plus puissants des États-Unis.

La réponse était là : puisqu'il n'avait pas besoin de faire semblant, de se conduire d'une certaine manière en public ou « au travail » et d'une autre à la maison, il pouvait être juste lui-même partout où il allait, et cela faisait que son travail ne lui demandait pas d'efforts. Bien sûr, la plupart d'entre nous avons encore un long chemin à parcourir avant d'atteindre ce degré d'intégration, mais plus nous parvenons à réduire le fossé entre qui nous sommes et ce que nous faisons, moins notre travail nous demandera d'efforts.

Épilogue

Le serviteur du dalaï-lama, un grand moine tibétain très aimable, vêtu des habits traditionnels et arborant un sourire perpétuel, entra silencieusement dans la pièce et débarrassa discrètement le service à thé. Je me rendis compte que c'étaient les dernières minutes de notre rencontre. Mon temps était écoulé, je ramassai mon carnet de notes et parcourus la liste des sujets que j'avais espéré pouvoir aborder avec lui.

En même temps, je lui dis :

« Il ne nous reste pas beaucoup de temps. Nous avons couvert pas mal de sujets, mais il reste encore quelques points à aborder, comme l'éthique dans le travail, l'insatisfaction que l'on ressent lorsque ses valeurs personnelles ou éthiques ne correspondent pas aux valeurs éthiques de notre employeur, la dénonciation des pratiques douteuses, les scandales, les relations entre les personnes dans le travail et les affaires, tant entre collègues qu'entre employeur et employés ainsi que... »

Le dalaï-lama m'interrompit :

« Howard, si vous vous embarquez dans une discussion plus poussée, les problèmes plus spécifiques que différents individus peuvent connaître dans leur travail, alors cela n'aura pas de fin ! Après tout, il y a six milliards d'êtres humains sur Terre – et ils ont chacun leurs problèmes ! Et puis nous entrons dans un autre domaine. Jusqu'ici, nous avons parlé du bonheur dans le travail en général, selon l'employé, et des mesures que l'on peut prendre pour ressentir davantage de satisfaction en changeant d'attitude, en améliorant sa compréhension de soi, en particulier. Mais c'est seulement une partie du tableau. L'employeur aussi, l'encadrement, l'entreprise, tous influent sur le bonheur des employés, mais c'est un tout autre sujet.

— En fait, j'espérais bien que nous pourrions aborder ces points, précisément, mais je ne pense pas que nous aurons le temps.

— Cela devra donc attendre. Mais je ne suis pas certain de pouvoir être d'un grand secours sur ces sujets, je ne suis pas un expert du monde des affaires, je n'y connais pas grand-chose.

— Moi non plus, admis-je. Mais je sais que vous vous intéressez beaucoup à l'application de l'éthique à tous les domaines de l'humain, et j'aimerais donc aborder le sujet sous cet angle.

— Bien sûr, et je serai toujours disponible. Voyons-nous à nouveau et nous pourrons échanger des idées, essayer de répondre à ces questions. Je ferai de mon mieux pour vous aider. Mais je pense que de votre côté vous devriez préparer le terrain. Et ce serait une bonne idée de parler avec des hommes d'affaires, des experts dans ces domaines, et de leur demander de partager avec nous leurs expériences, pour voir comment ils mettent en œuvre ces principes dans leurs entreprises, et les problèmes qu'ils rencontrent. De cette manière nous parviendrons peut-être à trouver des éléments intéressants. Nous ferons de notre mieux, en tout cas !

Le dalaï-lama bâilla, ôta ses lunettes et se frotta les yeux. La journée avait été longue pour lui. Il se pencha, glissa ses pieds dans ses chaussures et commença à nouer les lacets, signe, comme je l'avais appris, que notre rencontre touchait à sa fin.

« Nous avons discuté du travail, et ceci fait partie de notre travail. J'apprécie que vous soyez venu. Vous avez fait un long voyage depuis l'Arizona, votre région. Et j'apprécie votre sincérité, ajouta-t-il doucement, tandis qu'il finissait de nouer ses lacets et se relevait. Alors, merci. »

Nous avons discuté du travail, et ceci est partie de notre travail... Jusqu'à ce moment, je n'avais pas songé que nos rencontres étaient du travail. Pendant tout le temps que nous avions été ensemble, c'était comme si nous en avions parlé d'une manière abstraite, comme d'une activité qui se produisait quelque part dans le monde, tandis que des masses anonymes, sans visage, vaquaient à leurs tâches quotidiennes, et non quelque chose qui se passait là, dans cette pièce. Bien sûr, au fond de moi-même je savais qu'à un moment il faudrait faire un grand effort si nos conversations devaient prendre la forme d'un livre. Cela se passerait ailleurs, à un autre moment. Mais les heures passées avec le dalaï-lama à discuter n'étaient pas du travail – j'étais tellement pris par notre conversation, tellement heureux d'avoir l'occasion de m'asseoir à ses côtés et d'apprendre comment moi-même je pouvais devenir une personne plus heureuse, que j'aurais pu payer pour être là. Ce n'était pas du travail. Ou si c'en était, alors je faisais le même travail que le dalaï-lama lorsqu'il disait : « Je ne fais rien. » Sans doute la différence entre nous était-elle que sa position était permanente, et la mienne provisoire.

Alors que je m'apprêtais à partir, le dalaï-lama me demanda d'attendre un moment. Il se dirigea vers une pièce voisine et revint avec une petite statue bouddhiste dont il me fit cadeau. Je ne m'y attendais pas, et j'étais si ému que je restai muet, incapable de dire autre chose que deux ou trois mots de remerciements. Puis, debout sur le porche, à côté de la porte grillagée, le dalaï-lama sourit et m'étreignit longuement en signe d'adieu. Nous avions passé de longues heures à discuter des problèmes humains, l'étoffe de la vie quotidienne, et mon travail m'attendait, d'innombrables heures de travail sur le texte, et à ce moment-là, il restait à voir ce qui résulterait de nos efforts. Mais, à instant précis, avec ce contact humain, ce simple échange de chaleur et d'affection avec mon ami et collaborateur, j'eus l'impression que, dans le fond, le travail, c'était cela.

Table

Parus dans la collection « Aider la vie »

Kofi Yamgnane
Droit, devoirs... et crocodile, 1992.

Dans la tribu dont il est issu, l'auteur a appris que nous avons autant de devoirs que de droits et son analyse de notre société repose sur ce précepte.

Abbé Pierre, Bernard Kouchner
Dieu et les hommes, 1993.

Un dialogue entre deux grandes figures de notre société sur Dieu, l'illégalité, l'indiscipline, la souffrance et la mort, le droit d'ingérence...

Martin Gray
Vivre debout, 1993 (épuisé).

L'auteur de *Au nom de tous les miens* nous incite à trouver en nous-mêmes les moyens de faire face : penser, agir, créer, vivre passionnément.

Laurence Ink
Il suffit d'y croire, 1994.

Une jeune Parisienne révoltée découvre la sauvagerie des terres vierges du Québec. Une aventure terrienne et intérieure vers la sérénité et l'authenticité.

Alexandre Minkowski
Le Vieil Homme et l'Amour, 1993.
Donner sa chance
à chaque enfant du monde, 1994.

Durant des années, le grand néonatologue a mis en place des équipes de psychiatres et de psychologues afin d'aider les enfants victimes de toutes les détresses.

Sa Sainteté le dalaï-lama
et Jean-Claude Carrière
La Force du bouddhisme
Mieux vivre dans le monde d'aujourd'hui, 1994.

Au sein des monastères de Dharamsala, un échange particulièrement enrichissant entre une figure spirituelle universellement reconnue et un écrivain proche de la culture orientale.

Marie de Hennezel
La Mort intime
Ceux qui vont mourir nous aident à vivre, 1995.

Marie de Hennezel, psychologue dans une unitié de soins palliatifs, a raconté son parcours dans ce livre dont François Mitterrand dira que « la lumière qu'il dispense est plus intense que bien des traités de sagesse ».

Vénérable Hénépola Gunaratana
Méditer au quotidien
Une pratique simple du bouddhisme, 1995.

Méditer pour accéder à la nature même de la réalité. Cela reste la vraie réponse à nos besoins spirituels et un formidable moyen d'échapper au stress moderne.

Mario Mercier
Le bonheur est fait d'instants successifs, 1996
(épuisé).

Ce poète, peintre visionnaire et écrivain, nous propose une vision du bonheur musicale, sensitive, positive.

Malhon Johnson
Au-delà du miracle, 1997.

En 1992, le docteur Malhon Johnson est contaminé par le sida. Aujourd'hui il n'a plus de traces de la maladie dans son sang : son combat est un tournant dans la guerre contre le virus.

Patrick Henry et Marie-Pierre Borde
La Vie pour rien, 1997.

Clodos, vagabonds : où qu'ils soient, ils dérangent. Patrick Henry, qui fut leur premier médecin, et Marie-Pierre Borde, infirmière, témoignent dans cet essai d'une grande intelligence humaine.

Léon-Claude et Pierrette Lepelletier
Nous marcherons ensemble, 1997.

Il perd ses deux jambes à la fin de la guerre, elle est estropiée à la suite d'un bombardement... Et ils s'aiment depuis cinquante ans.

Marie de Hennezel et Jean-Yves Leloup
L'Art de mourir
Traditions religieuses et humanisme spirituel
face à la mort d'aujourd'hui, 1997.

L'auteur de *La Mort intime* et le prêtre et psychologue Jean-Yves Leloup abordent les questions spirituelles soulevées par la mort dans notre société moderne.

Bruno Gaumétou
Cette vie que la mort m'a donnée, 1997.

Bruno Gaumétou apprend, à vingt-trois ans, qu'il a deux cancers. Il va, par la découverte de soi, par une écoute de son corps, donner à la vie la possibilité de gagner.

Colette Victor
Le Cœur d'un couple, 1998.

Une histoire d'espoir pour ceux qui cheminent sur la voie du couple comme pour ceux qui souffrent de la perte d'un être cher. Voilà la leçon de vie que la femme de Paul-Émile Victor nous fait partager avec générosité.

Satprem
La Clef des contes, 1998.

Depuis notre naissance, nous sommes toujours en devenir. Comment s'effectue cette transformation ? C'est ce que nous raconte ce penseur de demain.

Mitch Albom
La Dernière Leçon, 1998.

Le grand journaliste sportif américain retrouve son vieux professeur d'université. Atteint d'une maladie dégénérative, celui-ci sera jusqu'au bout un homme vivant.

Sa Sainteté le dalaï-lama et Howard Cutler
L'Art du bonheur, 1998.

« Je pense que le but même de la vie, c'est la recherche du bonheur. Cela me semble évident. » *L'Art du bonheur* est sans doute la forme la plus aboutie de la réflexion du dalaï-lama.

Catherine Enjolet
En danger de silence, 1999.

Sans le savoir, on souffre de silences. La fondatrice de l'association Parrain par'Mille se bat contre les silences dont nos enfants sont les premières victimes.

Jean-Pierre Rosenczveig
Justice pour les enfants, 1999.

Au jour le jour, le président du tribunal pour enfants de Bobigny raconte le quotidien d'un magistrat confronté à la détresse.

Marie-Pierre Carretier
La misère est un péché,
biographie de Joseph Wresinski, 2000.

Pour qu'une démocratie soit juste, disait le fondateur d'ATD Quart Monde qui s'est battu toute sa vie contre la misère, il faut que toutes les lois soient faites en fonction des plus démunis.

Satprem
La Légende de l'avenir, 2000.

Satprem poursuit son œuvre de penseur et de poète, au croisement des pensées occidentale et orientale.

Marie de Hennezel
Nous ne nous sommes pas dit au revoir, 2000.

À travers des témoignages bouleversants – de malades, de parents, d'infirmières et de médecins –, Marie de Hennezel nous fait participer au débat sur la législation de l'euthanasie.

Dr Janine Fontaine
La vie vient du dehors, 2001.
Itinéraire d'un médecin pas comme les autres.

Médecin anesthésiste, le Dr Fontaine décide, il y a trente ans, d'« écouter » le monde d'une manière différente.

Noa Bercovitch
L'Arche de Noa, 2001.

Voici une étude, au travers d'histoires d'hier et d'aujourd'hui, de ces relations d'amour et d'entraide que les hommes et les animaux ont de tout temps tissées.

Maguy Lebrun
Un seul sang, un seul Dieu, 2001.

« Un acte d'amour vaut des heures de méditation. » L'auteur de *Médecins du ciel, médecins de la terre* rend hommage à ceux qui, chaque jour, tendent la main à plus démuni qu'eux...

Sophie Chauveau
Sourire aux éclats, 2001.

Sophie Chauveau scrute la société, interroge l'histoire, ou détaille l'art du portrait pour faire l'éloge de ce sourire qui éclaire nos vies et que nous devons tous diffuser.

Jean-Pierre Relier
Adrien ou la Colère des bébés, 2002.

Avec l'histoire émouvante d'Adrien, né à 795 grammes, l'un des meilleurs spécialistes de la néonatologie lance un cri d'alarme et nous explique comment permettre à l'être de naître dans la sérénité.

Kofi Yamgnane
Nous grandirons ensemble, 2003.

Maire, député, ancien secrétaire d'État, Kofi Yamgnane, devenu le symbole d'une intégration réussie, aborde la question des relations entre l'Afrique et l'Europe. Pour nos deux continents, grandir ensemble sera l'un des défis du XXIe siècle.

Transcontinental
IMPRESSION
IMPRIMERIE GAGNÉ
IMPRIMÉ AU CANADA